5分钟搞定客户
和老板的职场必杀技

别告诉我你懂PPT

李治（Liz）● 著

北京大学出版社
PEKING UNIVERSITY PRESS

图书在版编目（CIP）数据

别告诉我你懂 PPT/李治（Liz）著．—北京：北京大学出版社，2010. 1

ISBN 978-7-301-15763-3

Ⅰ. 别…　Ⅱ. 李…　Ⅲ. 图形软件,PowerPoint　Ⅳ. F391. 41

中国版本图书馆 CIP 数据核字（2009）第 167208 号

书　　名：别告诉我你懂 PPT

著作责任者：李　治（Liz）　著

责 任 编 辑：付会敏

标 准 书 号：ISBN 978-7-301-15763-3/F·2279

出 版 发 行：北京大学出版社

地　　　址：北京市海淀区中关村成府路 205 号　100871

网　　　址：http://www. pup. cn

电　　　话：邮购部 62752015　　发行部 62750672

编辑部 82893506　　出版部 62754962

电 子 邮 箱：tbcbooks@ vip. 163. com

印　刷　者：中国电影出版社印刷厂

经　销　者：新华书店

787 毫米×1092 毫米　24 开本　9. 5 印张　205 千字

2010 年 4 月第 1 版第 5 次印刷

定　　　价：38. 00 元

前言

PREFACE

写这本书既是“蓄谋已久”，又“纯属巧合”。

对它的蓄谋已经超过 5 年：2004 年，我参加美国一个全国性的研究生演讲比赛，作为有史以来参赛的唯一中国人，取得了第二名。其实，我英文并不很好，这个成绩，很大程度上，要归功于 PPT。比赛结束后，教授希望我在系里给大家讲讲如何做 PPT，因为不知道怎么讲，所以，计划搁浅。

5 年之后，回到北京，我有机会走上了彼得·德鲁克管理学院和北师大 MBA 的讲台，同大家一起分享 PPT 的一些感悟。与别人讲 PPT 不同，我讲的是做 PPT 的思路，是我 10 年来总结出来的精华，讲课效果出乎意料地好。很多听众，当天晚上就迫不及待地根据这些思路修改自己的 PPT，并在演讲之后，得到老板的夸奖。

于我，这是莫大的鼓励。于是，关于 PPT 的讲课就多了起来。以至于后来，北京大学出版社的编辑来约稿，有了这本书。正是在这个意义上，它的诞生“纯属巧合”。

你可能喜欢杜拉拉，或许更崇拜彼得·德鲁克，没准是杰克·韦尔奇的粉丝，但他们谁也没有教你如何用 PPT 帮助你的职业发展。PPT 与我们的职业发展到底有什么关系？为什么关于 PPT 的课程总是听者云集？

现代人工作生活更多地依赖于交流，PPT 是不可或缺的重要工具。用好 PPT 的人自然能在工作中崭露头角。在我的学习与工作中，一个个成功的 PPT 记录着我的成长。

在 PPT 的帮助下，本科论文答辩我拿了全组最高分；凭借 PPT，初到美国，一句完整的英语都说不清楚的我，第一次课上发言，全系最挑剔的教授，看了我精美的 PPT，满分是 15 分，给了我 16 分；一份自我介绍的 PPT，让百事全球高级副总裁亲自面试；第一次在百事全球会议上露面，凭借精美的 PPT，我精彩的演讲博得了阵阵掌声……

PPT 不仅是一个工具，它为我搭建起实现人生价值、提升生活质量、提高工作效率的平台。PPT 是让职场快乐起来的源泉。无论是写 PPT 还是和 PPT 一起演讲，都是一种享受——PPT 就像能够产生回声的大山，它允许你做你想做的任何事，说任何你想说的话。无论在工作中，还是生活中，它都是一个广阔的舞台，营造出一个快乐而有效的气场，感动你 PPT 的听众。

不同于其他 PPT 书籍，本书没有讲述加入动画、艺术字体等具体的 PPT 制作技巧，而是教你一种态度，一种让你爱上自己工作的热情，一种提高团队战斗力的工作方式。它是基于 PPT 之上的创意工作方法，不仅让你的 PPT 更加漂亮，还让你养成一种正确的职业态度和做人艺术，成为真正的“创新型人才”。

但愿这本书能够帮你开启快乐职场的大门，帮你 work smart，工作起来不仅效率高，还不觉得累。打开这本书，找到属于你的大山，营造你的快乐气场，静静地听，那来自大山的回音……

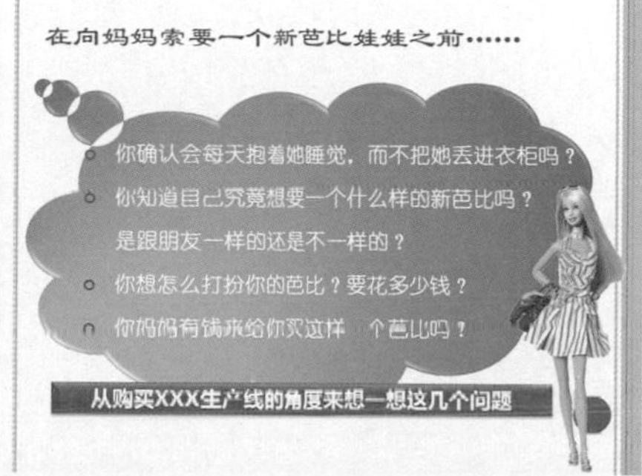

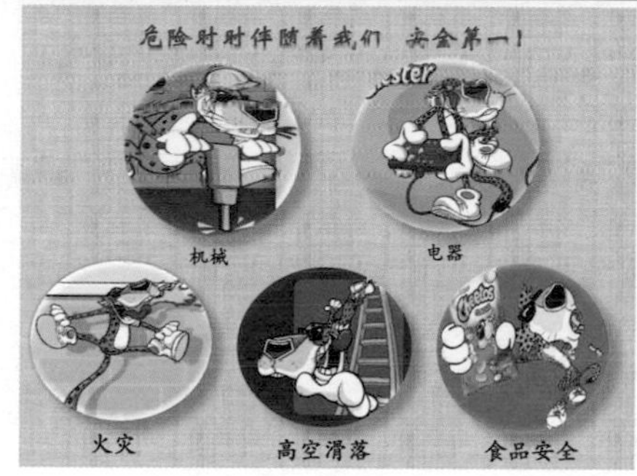

目录

CONTENTS

前言 001

第一章 让你的PPT讲故事

第一节 抓住眼球的雷人主标题 003

一、标题＝震撼力 003

二、三步起一个精妙的主标题 004

三、找到一个精妙标题的路径 016

第二节 用副标题点破窗户纸 022

一、清晰副标题的必要性 022

二、清晰副标题的要点 023

第三节 不简单的简单完整句 025

一、简单完整句其实不简单 025

二、完整你的简单句 027

◆ 第四节　骨灰级的 PPT 结构——总分总　035

一、第一个总：概述 035
二、把你的分论点制作成页标题 039
三、第二个总：总结 041

◆ 第五节　随手拈来的创意线索　047

一、魅力线索——被遗忘的法宝 047
二、线索就要这样挖 052

●第二章　让你的模板与众不同

◆ 第一节　模板里的小细节与大学问　067

一、页面布局，功能来分类 067
二、结构变活，要靠概述页和章节过渡页 076
三、让内容页清晰完整 080
四、结束页要表达一颗感恩的心 084

◆ 第二节　省心型模板简单不“撞衫”　086

一、给现成模板做个整容小手术 086
二、让模板有些新变化 088

第三章 让PPT 3分钟能看懂

◆ 第一节 清晰表达你的信息 101

一、PPT清晰表达信息的三个层次 101
二、PPT清晰表达信息的三大原则 102

◆ 第二节 中规中矩使用字体字号 110

一、不同字体对号入座 110
二、字体的混搭要混而不杂 114
三、字号的中庸原则 115
四、线条粗细有讲究 117

◆ 第三节 和谐不张扬的颜色搭配 118

一、色彩里的哆来咪 118
二、留心颜色的意义 123

第四章 玩转PPT的5种武器

◆ 第一节 与众不同的PPT文字风格 132

一、PPT行文就像课堂笔记 132
二、两个小窍门让文字更好用 134
三、小心文字里的5宗罪 136

◆ 第二节　横竖有理的表格表达　140

一、表格是 PPT 的天敌　140

二、别把 Excel 原样贴过来　141

三、循规蹈矩地做表格　142

四、表格不能过度图形化　144

五、讲述表格的 4 步套路　146

六、表格里的变形金刚　148

◆ 第三节　一目了然的趋势图　151

一、分清图中的“虚”与“实”　151

二、选对图的类型　152

三、跟着国画学画图　155

四、关注细节　157

五、讲述趋势图的 6 步　160

◆ 第四节　画龙必点睛的图片　163

一、一图值千言　163

二、图片分类有讲究　164

三、图片是信息的好助手 169

四、让图片各就各位 178

◆第五节　存在必精彩的动画　181

一、爱恨动画功能多 181

二、使用动画有讲究 190

●第五章　大胆Show出PPT

◆第一节　良好的开场白是成功演讲的一半　195

一、小变化让开场白更精彩 195

二、开场白有诀窍 196

◆第二节　虎头更虎尾的完美结束　202

一、拥抱各种问题 202

二、回答问题别玩外交辞令 205

◆第三节　让紧张情绪见鬼去吧　208

一、消除紧张不能单靠小窍门 208

二、最好的办法是适应舞台 211

后记 212

致谢 213

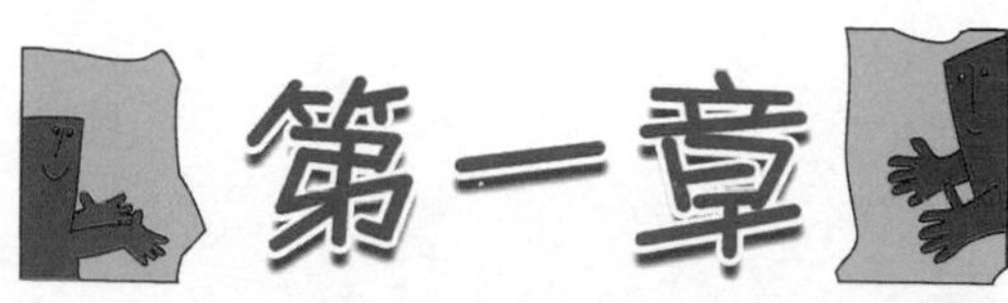

让你的PPT讲故事

第一节 抓住眼球的雷人主标题

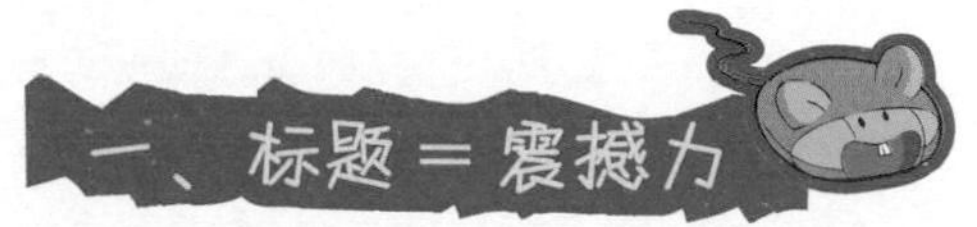

精彩的故事从标题开始，一个精妙的标题能迅速抓住听众的眼球，让你的 PPT 熠熠生辉。它是赢得掌声的第一步！就让一个具有震撼力的主标题，带领你走入一个充满快乐、无限创意并会一鸣惊人的 PPT 世界吧！

标题就好比人的名字。老爸给俺起名字的时候就没好好读历史，让我一个女孩子跟个窝囊的皇帝重名，搞得我一辈子都要怯生生地回答人家我叫什么名字。给这本书起名字的时候，也和策划人 brainstorm（头脑风暴）了好久。最终还是策划编辑脑子快，想到了这个既生动贴切又吸引人的好书名，顺利全票通过。怎么样，它是不是也吸引了你的眼球呢？

很多人在写 PPT 的时候，还是习惯用那些“关于×××的报告”之类的标题。老实讲，这已经很 OUT 了。在这本书里，我将教会你一个既新颖，又不失专业性和阅读性的好题目。比如，写一个关于洗衣粉最新配方的项目报告，该给它一个什么样的标题呢？这个项目是从很多种洗衣粉的配方中，筛选了 5 个进行综合评定。如果按“老一套”来写报告的题目，它一定是：某某项目的5个最优配方的筛选。我的标题却是：《High 5》！

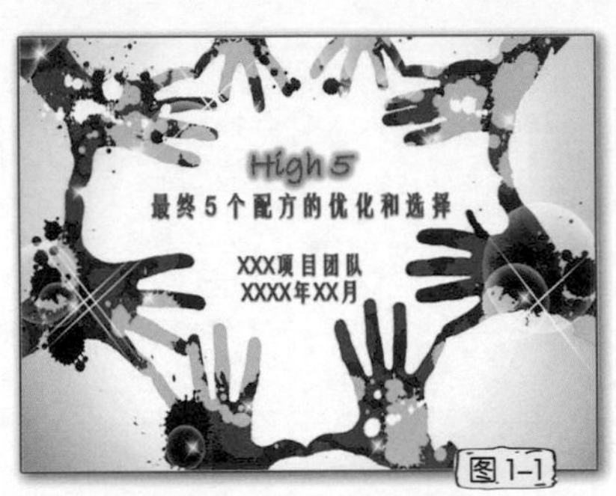

图1-1

这个简短的标题很贴切地反映出了项目内容，其中High表现了配方的优质，5对应5个配方。更引人入胜的是，High与5合起来组成一个击掌庆祝胜利的手势，表达出整个项目团队看见胜利曙光时的兴奋心情，让听众耳目一新。

二、三步起一个精妙的主标题

估计您会说："听上去不错，但我可达不到这么高的雷人指数。"别担心，起一个精妙的标题也不是那么神秘，教你几种方法，你也会拟出几个相当不错的主标题。

一个精妙的主标题并非都是无心插柳，妙手偶得。把起标题的步骤系统化后，只要三步就能方便快捷地找到一个好标题。

第一步：列出客观关键词

客观关键词是指能把这个PPT要讲的精彩内容概括出来的几个词语。找到这些关键词的方法，是做一个填空题：这是一个关于（×××）的项目。这句话，概括出了这个项目的最核心内容。把括号里的词语按词性分类，这些分好类的词语就是客观关键词。刚才提到的那个《High 5》的例子，把这句话填完整是：这是一个关于（选择5个最终洗衣粉配方）的项目。按照词性，列出的关键词是：动词：选择；形容词、副词：最终；数词、量词：5个；名词：洗衣粉、配方。

第二步：提炼主观关键词

区别于客观关键词，主观关键词是关于人的，是指在这个项目背后，项目组成员体现的精神、克服的困难、表达的情绪，等等。主观关键词的提炼仁者见仁、智者见智，但核心是要表达出工作背后的一些“软成果”，也就是它能体现出来的人的品质。仔细回味一下，咱做个工作容易吗？没功劳还有苦劳，没苦劳还有疲劳，得让老板知道我们不容易呀。这些精神可以从多方面总结归纳，比如：团队合作、敬业精神、开创精神、奋斗精神、成功的喜悦，等等。

这些精神您不说可没人知道，老板是一种眼睛只盯着结果的“动物”。把这些精神说出来，但又要低调、含蓄，怎么办？最好的办法就是把它们揉到题目里，一切尽在不言中，让别人心领神会。例如，“High 5”就表现出了团队合作和成功的喜悦。老板看了会很欣慰——他们最喜欢看到的就是好的结果和团结奋斗、不捅娄子只干活的团队。对于团队来讲，这个题目就像强心针，能够大大增强团队的凝聚力和战斗力。

再来看另一个例子。这是一个关于油的项目，做得非常辛苦，整个测试要求在厂里不停机地测试10天。大家蹲在厂里面轮流值夜班，

熬得眼睛都绿了，脸都青了。这种奉献精神，一定要体现在报告的标题中，让老板一目了然。我起的名字就是：《Burn the Midnight Oil》。

Burn the Midnight Oil
—— XXX油项目测试报告
XX项目团队
XX年XX月
（编辑：李治）

图1-2

这是英语里的一个成语，意思是烧干午夜的灯油，和中文里的“头悬梁，锥刺股”异曲同工，是说努力学习或工作，把午夜的油灯都烧干了。把这个题目亮出来，一句话都还没说，老板先说了：“唉，你们是够辛苦的！”当下犒赏大餐一顿。

做项目时，请注意观察和体会这些感受，正是这些心境陪伴了我们整个工作过程；也正是它们，让原本枯燥的工作充满了值得回忆的点点滴滴。把它们体现在 PPT 中，这些主观关键词就随着这份报告永久地记录了下来。

第三步：把主观关键词“嫁”给客观关键词

英语里喜欢用 marry 这个词来形容两者的有机结合，以强调心心相印、不可分割。在给 PPT 起名字时，要把主观关键词“嫁”给客观关键词。两者巧妙地“揉”在一个标题里面，使听众既知道你要讲什么内容，又体会到了项目中的心情。要揉得好，更要揉得巧。

把主客观关键词有机嫁接，要从客观关键词入手，看看从客观关键词里都能天马行空地联想出哪些精妙题目。我们再来看一下关于洗衣粉5个配方的项目的客观关键词，看看这些词可以产生什么联想（表1-1）。

表 1-1

词性	客观关键词	联想
动词	选择	不选最贵，只选最好
形容词、副词	最终	已终未始
数词、量词	5个	High 5
名词	洗衣粉、配方	洗刷刷全靠它

有没有发现，这些联想出来的题目个个都要比“关于最终5个洗衣服配方选择的报告”这个题目精彩。从这些联想中，我们来筛选那些最能体现要表达的精神内涵的，还要简洁明了琅琅上口，于是，我最终选择了《High 5》。

这个例子，能体会到所谓“大马行空”的联想，其秘籍就是双关。大文豪雨果说：“双关语是飞舞着的灵魂的产物。”通俗讲，就是言在此而意在彼，此和彼在这里就是客观关键词和主观关键词。

这种双关方法被好多广告采用，很多用得都非常妙。比如，我在百事工作时，中国同事间最多的拜年短信是“祝你百事可乐，乐事无限！”蒙牛在2009年春节前后做的“Happy 牛 year！”的广告和前者也是异曲同工。

英语里也有类似的说法。一个眼镜店的名字就叫OIC，读成Oh，I see！（啊，我看见了！）摩尔香烟的广告：Ask for More，既可以翻译成“要更多”，也可以翻译成“要摩尔香烟”。

用这个方法起名字能达到非常不错的效果。但是，也有一个注意事项，就是把客观、主观关键词结合后，千万别忘了反过来想想，这些题目是不是合适用在这个PPT

当中，场合、听众对象以及情绪表达是不是恰当。

首先，是题目风格是否恰当，就像去爬山不能穿西装而去正式场合不要穿牛仔服一样。要从题目开始，把握好 PPT 的风格，切勿因此冒犯听众。

另外，标题要正面“积极”向上。在引起听众兴趣的同时，要能够鼓舞激励别人。“雪上加霜”与“银装素裹”同时可以作为一道甜品的名字，但是，前者让人听了不舒服，产生一种恐怖的感觉；而后者则让人感到振奋，大好美景如在眼前，所以，要选用后者。而一本描写“为生命中最痛苦的 7 种日子做好思想准备，从而能够勇敢地面对”的书，叫做《Real Life》（真实的生活），就体现了一种积极面对的精神。所以，给 PPT 取名字要从积极的角度来思考，哪怕是个所谓的“失败的项目”。

职场感悟

刚参加工作时，问带我的技术专家一个“傻”问题：“项目失败了怎么办?”他看了看我，说：“你是指没有上市的产品吗?”我点点头。他笑了，告诉我：“世界上其实没有失败的项目。每个项目里都能学到很多东西，这些收获可以用在下一次的产品开发中。在所有产品开发的项目中，真正能上市的产品只是其中的一小部分。产品的上市是由很多因素决定的，我们要做的是把每一个项目中的每件事都认真做好。”

就是这句“世界上没有失败的项目”，让我对后来的工作都充满了热情。我也做过很多“失败的项目”，但每一次，都能从中挖掘出独到的收获。很多时候，就像《大腕》里那个用快两倍的速度演奏的“欢快的哀乐”一样，把“失败的项目”变个节奏，不但演奏者的心情变了，而且让听到乐曲的人的心情都跟着变了，这是职场达人能够在很短时间内，迅速调节心情的秘籍之一。

双关联想法

上面的三步中，第三步是关键，单独把它拿出来作为一个独立段落来重点讲述一下。我们借用修辞里的“双关”来表达这种联想的方法，但这里的“双关”是指“主观关键词”和“客观关键词”，是把内容与意境结合起来的方法。双关法是给 PPT 起名字最棒的方法，搞懂它，你的 PPT 就会随着标题亮起来。下面，我们就看看到底有哪些双关的手段。

1 偷梁换柱

就是把一个词里的一部分用我们想要的关键词来替换。说白了就是换一个谐音字，或者换一个同音字。做过一个洗衣粉的项目，希望通过改变配方来提高洗衣粉的一次洗净率。这里面的客观关键词有——形容词、副词：干净；数词、量词：一次；名词：洗衣粉、配方；动词：洗涤。

正值北京奥运会召开，眼睛里耳朵里都充斥着一句话：One World， One Dream（同一个世界，同一个梦想）。借了奥运会的“势”，我把它改成了 One Wash，One Dream(一次洗涤，一个梦想)。这样的题目够有时代感吧？把前面的客观关键词也基本上都包括了，同时，梦想体现了咱对项目的憧憬。

图1-3

同音替换的方法用得更多。有人批评就是这些同音错别字的广告充斥着各种媒体，让现在的孩子们都不会写字了。这话说得有一定道理，但是，这种“充斥”的程度正说明了这个方法之有效。很多歌星的专辑名称也使用这种方法，比如，王菲的“菲比寻常”，周杰伦的演唱会“无以伦比”，等等。给我印象最深的，是上海人民广场一个韩国饭馆的名称——韩舍，低调简单，还透着点文人的雅气，点明了是韩国菜。这跟前面说的“Happy 牛 year ”是同样的道理。

这种偷梁换柱的方法相对比较简单，也比较实用，我本人就是这种方法的超级粉丝。比如，我在做 PPT 培训时，讲到标题这部分，我就号召大家把标题变为“镖题”，更好地体现出标题的冲击力，强调标题精准的重要性。偷梁换柱法也常常和其他方法结合使用，增强雷人指数。

2 通过时间来双关

就是把表示时间或者具有时代感的词语拿来套用，拉近你与听众的距离，增强感染力。圣诞节前夕，老板要我写一个下一年关于健康食品的研发计划，我就利用时间双关法，把圣诞节最常用的祝福语“Merry Xmas and Happy New Year”，改造成了我的报告题目《Merry Xmas and Healthy New Year!》应景又时尚，效果非常好。

这个题目也可以非常有效地套用在其他的新年计划项目中，做财务或销售的，可以改成：“Merry Xmas and Wealthy New Year!”

图1-4

在中文里，使用这种方法，可以让你的标题更加精彩，春节拜年时说：恭喜发财，红包拿来！可以变成：恭喜发财，“报表”拿来！“一年之计在于春”用在新年计划书之类的PPT中做标题，正好能够表现新的一年即将到来，大家干劲十足，充满希望；“春江水暖‘股’先知”可以用来体现股票指数与经济趋势的关系。最近经济形势企稳回暖，股票指数更是节节攀升。如果你是一个证券公司的红马甲，不妨用一张初春冰雪融化的图片，配上这样一个标题，来激励你的投资者们投身股市的洪流。“‘销售部’里说丰年”用在年底销售汇总的报告里会非常出彩。销售部是公司里挣钱的部门，大家辛苦一年了，坐到一起，不但要看看销售业绩，更要交流经验，让来年有个开门红。

平时注意收集各种应时句子、流行语以及各种谚语俗语，列个单子，改造一下，用起来非常方便。

3 通过缩写变换

缩写变换是把一些词的第一个字或字母提出来，拼在一起，组成新的单词。这种方法一般在英语里比较好用，把英文里的首字母组合一下形成新的单词还是相对中文要容易很多，也更符合英语的习惯用法。外企的人最恨的就是公司里没完没了的莫名其妙的缩写。但是，这种方法产生的缩写 PPT 标题，不但不会招人讨厌，还会给你带来很多奇妙的效果。

首先，要想出一个与项目相关的简单词，然后再在脑子里搜寻一系列以这些字母开头的单词，把它们顺成一个和项目相关的句子。使用时，有几点需要注意：第一，用这种方法起名字，缩写尽量用简单的词，越简单越好；第二，这个简单的单词和句子之一要表达主观关键词，而另一个要表达出客观关键词。比如，关于一款大米做的零食的项目汇报，首页看上去只是一个简单的单词：RICE（米），告诉听众我们的主题是米，如图 1-5 所示。

图1-5

这似乎够不上一个合格的PPT标题，但一点鼠标，一个动画把RICE的四个字母拉开，就像大幕缓缓拉开，更多字母显现出来，Refreshed Innovation Cuts Edge （用全新的想法来占领前沿），这才是主标题，意思是，项目通过创新，用refreshed innovation把非常传统的米制零售变成了非常时髦的产品，领导零售的前沿（cut edge）。

图1-6

这个动画放大了所有听众的眼球，就连市场部的VP都跑过来跟我学如何做成这种效果。我很得意地告诉她："实现这个动画很简单，但设计出这个动画就很花心思了。"如果你也能够设计出这么一个吸引眼球的PPT，估计也够你得瑟一段时间的了。

4 通过字形变化

文字都是美的，通过字形的变化，你会变出更美的标题。老外们总愿意说我们中国人是在“draw”（画）字。我曾经听一个美国人说如何画中文的“女”字：就是先画一个钻石，然后在几个边上出头。还挺形象，美女不就是心像钻石般美丽纯洁吗？

马路上的各式招牌，有很多精彩的字体变形。比如图 1–7 中，大连银行的标志就是把“大连”两个字结合在一起的。

图1–7

一些复杂的字形变化需要一些特殊的软件与专业的设计人员。PPT 制作者虽然不具备熟练操作这些软件的经验和美术设计功底，但是可以简单地尝试相关的方法。比如，有一次我在讲职业道德的诚信问题，就变化了“诚信”这两个字。

图1–8

诚是一个黑白的问题，一个人没说谎就没有灰色地带；信是一个尺度问题，别人在多大程度上信任你，完全看你既往的表现，所以用黑白来修饰“诚”字，用一个尺子来装饰“信”字。做出这样的效果也非常简单，黑白分明的“诚”字，只需要到网上找到这个字的书法字，存成图片，然后用 Windows 自带的画图把“诚”字的言字边颜色反转就可以了。

而“信”字也是网上找的书法字，加了一个剪贴画的尺子。

英文也有这样精彩的变形。我曾经参与联合利华升级奥妙配方的项目。奥妙的英文商标是OMO，这个名字非常对称，反过来，就是“WOW”，于是，我的题目就叫“WOW, OMO”（哇，奥妙），以表达洗衣效果的大幅度提高。

图1-9

就是这灵机一动、灵感突现的感觉，带来了“奥妙无穷”。

5 通过成语来双关

广告词中，这种方法用得最多，甚至有人说：成语嫁给了广告。一个鞋子的广告语是“步步为‘赢’”，卖咳嗽药叫“‘咳’不容缓”，这样的例子不胜枚举。和偷梁换柱法配套使用，用同音字替换一些字，效果一样让人惊艳。

用这个方法，也能把英语成语玩转。一次，我写一个米制零食项目的报告，用了一个英语成语：Like White on Rice（像米上的白色），意思是very close（紧密）。我还配上了一段精彩的开场白：虽然是我一个人站在这里汇报工作，但这个项目是一个团队在做，大家在一起工作，就像like white on rice，充分体现了团队精神。前面提到的那个《Burn the Midnight Oil》（见图1-2），也是一样的道理。通过一个成语式的小题目，把整个团队的精神面貌展现出来，这绝不是一般的标题能够做到的。

图 1-10

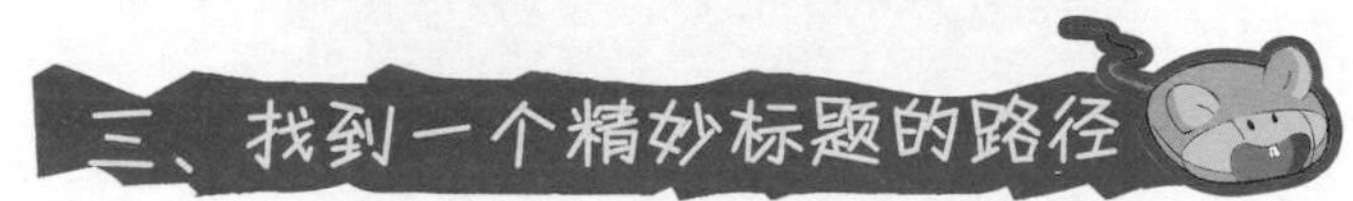

三、找到一个精妙标题的路径

1 多积累、勤思考，精妙标题不请自来

上面讲的这些方法，听上去似乎不难，但要真正掌握，还需要一个过程。但，不要有畏难情绪，只要你开始尝试了，熟能生巧，慢慢做起来就会思若泉涌。

积累，这是做任何工作都需要的功课。积累的快慢可是个技巧，关键要随时随地做一个有心人，在日常生活中从身边积累。

逛书店是一个积累名字的好方法，PPT 和图书在结构、排版等方面，有不少相通的地方，尤其是书名，对 PPT 的标题，会有很大启发。不妨多逛逛书店，看看畅销书排行榜，那里的书名可都是人家绞尽脑汁想出来的，一定能给你不少的启发。

不光是书名，其他如电影名、唱片名，甚至网络流行语、广告语等，都是必须的积累。我的一份关于除血渍的洗衣粉研发报告中就用了一个电影的题目（见图 1-11）：《最后一滴血》。

积累多了，给 PPT 起名字，就会奇思妙想信手拈来，精妙的名字脱口而出。比如，如果是神七卫星发射准备会的报告，题目可以是《Live Free or Die Hard》(《虎胆威龙》)。其实这个题目适合很多重大项目的动员词。我自己就用过，当时觉得好悲壮！

图 1-11

再比如，2008 年 9 月 10 日物理学界有过一次重大事件：世界上最大的粒子碰撞试验首次大型测试成功完成。这个实验的最终目的是要两个方向相反的粒子束进行对撞，从而揭示宇宙的起源。全世界 9000 名物理学家热切关注着实验启动，他们希望通过冲撞看到质子的构成，并将通过对撞机进行一系列实验，很多科学家为此已经等了20 年。如果我是这个研究的首席科学家，就会把报告的题目定为《不见不散》——一方面，体现了对撞的过程，先是“撞见”再“散开”；另一方面，可以表达科学家们热切期盼的心情，这个实验让科学家们望眼欲穿，苦苦等待了 20 年。

十几年前，联想有一句超级经典的广告语：“人类失去联想，世界将会怎样？”养成随时随地联想的习惯，不断挑战自己的想象力，是一种乐趣；把朋友聚在一起，来个 brainstorm（头脑风暴）是另一种乐趣。在联想的海洋里，无论独乐还是众乐，你都会享受在其中。

2 巧用搜索引擎

给大家介绍一种我自己发现的比较实用便捷的起标题路径：挖出 Google 里的英语宝藏。

对于不以英语为母语的人来说，英语成语的积累和运用，是一大难题。其实不用怕，有 Google，以及它背后强大的数据库和搜索引擎。当我们大脑的储存量不够，或者搜索速度不快时，借助 Google 或百度，是最简单的找到好名字的捷径。

方法也很简单：就是在搜索栏里输入客观关键词和“成语”这个词，回车就可以了。以前面提到的“Burn the Midnight Oil”为例：首先，在 Google 搜索栏输入 oil 和idiom，就会出现好多含有 oil 的成语的相关字条，其中很多提到“Burn the Midnight Oil”。点开其中的一个，查看一下这个成语是什么意思：to work very late into the night （工作直到深夜）。这正是我想要的，用它来表达努力工作，恰到好处。这个方法虽然不能达到百发百中，但可以加快寻找好题目的速度，like white on rice 也是用这种方法找到的。

一个公司推出了一款亚洲冷水洗涤的产品，英文广告词叫：Cold Hard Facts！翻译过来应该叫“铁证如山”，里面的 cold （冷）和 hard （硬）分别对应了冷水和硬水，facts 体现了洗涤效果。

为了加速查找速度，再给大家推荐两个英语的在线成语字典：http://idioms.the-freedictionary.com，http://www.usingenglish.com/reference/idioms，里面的成语都可以按关键词查找，用起来也很方便，还可以顺便学学英语，一举两得。

这个办法特别适合外企的兄弟姐妹们使用，在此强烈推荐。

有时为了凸显时代特征，利用时髦词给你的 PPT 起个名字也是很不错的选择。生活中会一阵阵地刮来一些流行的时髦词，比如：

● × ×总动员

● 我和× ×有个约会

● 今天你× ×了吗?

● × ×一箩筐

● 我的× ×我做主

● 不是× ×，是寂寞

时髦词用起来很简单，只要把一个主要的客观关键词填进去就可以了。来看看下面几个例子：

● **× ×总动员**：我的一个朋友联合各个学校的辅导员做过一个关于全市小学生课外活动的调查项目，项目启动就叫：辅导员总动员。

● **我和× ×有个约会**：有个推销化妆品的朋友，专做玫瑰精油，听完我的培训，她把她的化妆品宣传材料改成了“我和玫瑰有个约会”（见图1–12）。

图1–12

● **今天你× ×了吗**：“今天你环保了吗?”是我们在地球日做环保志愿者的时候拉出的一个横幅。在宣传的内容里，我们用了一系列的卡通图案，告诉大家一些生活中时时刻刻可以做到的环保小行动，希望通过这样的活动增强大家的环保意识，天天爱护我们的地球。

● **××一箩筐**：“创意一箩筐”，如果这样一个 PPT 被放在市场总监的桌子上，他一定会很开心，会为有你这样一个有创意的市场经理而感到高兴。

● **我的××我做主**：听上去有点高考作文题的意思吧。“我的事业我做主”，是一个求职 PPT 的好名字。以此为题，来写一份自荐的 PPT 去感染你的下一个老板吧。如果你再能写一个“我的客户我做主”，那您的销售技巧可就非同一般了。

● **不是××，是寂寞**：这是一条很时髦的网络用语，可以来一个“做的不是 PPT，是寂寞”，够闷骚吧？

怎么样？看了上面的这些方法，你对起一个雷人的标题有些信心了吧？如果一时还没找到窍门，不要着急，慢慢尝试，不久你就会体会到那种“蓦然回首，那人却在，灯火阑珊处”的感觉了。

在职场中，我们常常遭遇很多无奈的突变，感觉似乎有一双更大的手操纵着职场中的机遇。也许我们永远无法左右公司何去何从，但我们却可以在工作的点滴中把握自己。在工作中勇于担当、敢于“做主”就是健康的职场情商。

有一次，因为自己的疏忽，一个测试出了问题，不但测试要花钱重做，而且影响了项目的进度。我很不好意思地跟老板承认错误，他却把责任揽到了自己身上，说是他没有跟我交代清楚，他应该承担大部分责任。这让我非常感动，用更加努力和细致的工作回报了他。之后，我再没犯过同样的错误，加班赶上了进度。

吸取了这次的教训，我带项目团队的时候，也注意在分配任务的时候强调细节，并寻求对方的反馈，确认是否真的交代明白了。正是用这种方式，我也承担起自己和团队的责任。这样的态度使我赢得了支持和尊重。团队的人没有思想包袱，大家都甩开膀子，团结一致把项目做好。所以，勇于承担责任、勇于“做主”是一种非常优秀的职业品格。

起名字是我写 PPT 中最 enjoy 的一个环节。提炼一个精妙标题就像写一篇美妙文章，需要不断积累，苦思冥想。你会经历一个“豁然开朗——遇到瓶颈——再豁然开朗”的过程。在这个过程中，你会学到新的单词，领会到工作中新的乐趣，还会从 brainstorm 里交到新朋友。利用本节中讲到的方法、路径，给你的 PPT 起一个具有震撼力的主标题，是你报告成功的开始。

第二节 用副标题点破窗户纸

一、清晰副标题的必要性

为什么要有一个副标题呢?

让我们先比较一下前面提到的几个项目的主副标题（见表 1–2），看看有什么不同。

表 1–2

主标题	副标题
High 5	某洗衣粉最终配方的筛选
Marry Xmas and Healthy New year!	百事食品亚太区××××年度健康食品开发计划
WOW, OMO	奥妙新配方的测试报告
不见不散	某对撞机实验报告

比较之后发现，主标题里只是“偷偷”地藏了客观关键词，需要仔细咂摸滋味，在细嚼慢咽之中慢慢体会含义。但是，讲 PPT 时，往往需要把信息快速送达听众，这就需要在主标题之外，加一个副标题来捅破这层窗户纸。如果主标题追求雷人指数的话，副标题讲究的则是“明明白白我的心”，也就是要把内容用“素”描的方式“速”描一遍。“素”说的是直白，而“速”则是指简洁。

最后的效果就是，听众"唰" 地就明白了。

也可以说，副标题是主标题的一个呼应、补充和平衡。如果说对主标题的要求是生动、形象，概括力强，那么，副标题的要求，就是要明确清楚，一目了然。副标题里要包含尽可能多的客观关键词，往往是简单的一句话或短语来具体说明报告的实质内容。它一般可以用标准的格式：关于××部门工作的总结；××项目的报告；××年度××的计划；××的建议，等等。

主标题把人吸引住，让大家产生“你要说什么”的好奇；副标题要把故事说清楚，让听众明白你葫芦里到底卖的什么药。千万不要小看副标题的作用，对于 PPT 而言，主标题、副标题，一个都不能少 。

二、清晰副标题的要点

相对于主标题而言，副标题相对比较简单，但想要达到清楚明白的标准，也要注意几点：

1 加强针对性

把目标的范围缩小，尽可能精确地表达内容，并指出 PPT 的目标听众。这可以通过使用准确的定语来实现。比如，《WOW，OMO》的副标题“奥妙新配方的测试报告”就特别指出了是对“奥妙新配方”进行的测试报告。找准了靶子，听众也容易对号入座。

2 明确时间段

如果报告有时间方面的内容，最好在副标题上体现出来。是年终总结还是阶段性汇报？比如《Marry Xmas and Healthy New Year》就是在年底时做的针对下一年的新产品研发计划，而《High 5》就是一个阶段性的报告。

3 定义内容的性质

内容的性质主要是指针对的场合和听众：内部说明会还是对外的宣传稿？性质不同，PPT 的讲述风格也迥然不同。如果是内部说明会，气氛轻松些，内容可以详尽点，更需要强调哪些是关起门说的商业机密。如果是对外的宣传稿，很多时候要考虑说什么、怎么说，不但要考虑表达自己的观点，更重要的是展示公司的形象。

通过副标题区分内部和外部信息，可以帮助听众正确接受这些信息，并确定如何使用。不要在公司对外宣传稿上大肆加上自己的个人观点，这是做白领的大忌。

副标题要“怎么明白怎么来”，通过明确的内容、确切的时间范围和具体的对象，把你的报告内容，写得明明白白。

第三节 不简单的简单完整句

一、简单完整句其实不简单

前面说了题目，接下来就讲内容。PPT的内容，要尽量多用简单完整句。

千万不要小看它，因为没有注意这个原则，波音公司出具的PPT报告造成了哥伦比亚航天飞机爆炸的惨剧。

现在非常流行一个说法：在PPT中只用简单词，而不用完整句。有人甚至干脆量化成6/6法则，即每页不多于6行字，每行不超过6个单词；或者30法则，每页总共不超过30个单词。这种观点的论据主要是，字数越少，视觉冲击力越强。

“反正还要讲，要具体解释，所以没必要什么都写在PPT上。”这话听上去没错，但在实际工作中，麻烦就大了。比如，你要查询之前的一个项目，把PPT调出来一看，只有简单的词和图，没有完整的结论，这样的PPT根本没有什么参考价值。而且，实际工作中，真正能够在现场听讲PPT的人只是项目利益相关者(stakeholders)中的一部分，很多人是事后通过阅读PPT学习的。这需要PPT里面有完整的观点，让人能够看得明白，而简单完整句是满足这个要求的最好表达形式。

你或许是第一次听到写简单完整句这样的要求，心里难免有一个大大的问号，因为这跟网上的流行说法完全两码事。但我向毛主席发誓，这在实际的工作中是非常重要的。

首先，只用几个关键词本身就容易让人误解。看一看中国古代的文言文就明白了。古文都很酷、很简练，让我们这些现代人需要费很大工夫才明白作者想说的意思。就说孔子一个“三十而立”的“立”字就有 N 多解释。我都三十了，也还没明白，估计得等四十不惑了。在“解压缩”的过程中，很多意思都会被扭曲误解。英语也一样，词或短语的含义有很多种。

再有，完整句可以帮老板节省理解内容的时间。我们来对比一下这两种说法（见表 1–3）：

表 1–3

短语	完整句
项目背景	项目得到了集团总公司的大力支持
项目计划	项目计划制定得仔细周到
项目实施	项目实施得到了各方面的支持
项目进展	项目中收获酸甜苦辣
项目收尾	项目圆满完成

短语的表意有限，看了表 1–3 左边一栏的几个短语，得到的信息基本上是零。老板必须花很多时间看具体的内容来了解你的观点，看你后面到底都干了啥。而如果换成右边的句子，就能够表达出信息、观点，让人一目了然。老板很忙呀，日理万机的，作为小虾米，只要咱能帮老板节约 1 分钟的时间，老板都会爱死你的。

刚工作一年的时候，被亚太区研发VP挑中做一个全球的项目。项目核心组就三个人，两个VP和我，干活的就我一个人。伴君如伴虎，一伴还就是俩。我坚持要求自己，每次汇报工作都只用1页纸和10分钟。

在那张纸上，我用简单完整句列举了项目的进展、下一步的计划以及遇到的问题，同时列出理由和希望老板指导的部分。每一部分都用不同的颜色标出是顺利进行还是遇到阻力、面临风险。这样逻辑性强又简单易读的一张纸，得到了老板的大力肯定，老板以我的那一页纸为范本，要大家思考如何跟老板汇报工作让老板省心，帮老板节省时间。

另外，用完整句也可以解放自己。好多PPT都是要作为报告存档的，用了完整句，自己检索起来轻松，别人看起来也清楚明白。相反，如果每次都只记下关键词，不写出完整的观点，我敢打赌，不出半个月，你就忘了自己想写的是什么了。要是您哪天被猎头挖走了，接你工作的人就惨了，根本看不懂你的报告。而如果你进入新的工作环境，需要调阅以前的工作资料，好容易发现一个合适的PPT，却想不起里面的具体内容，你会不会也感到很懊恼呢？

二、完整你的简单句

那么，什么叫完整句？语法上对这个的界定很清楚，在这里不再赘述。我们这里所讲的完整句必须要满足两条。

1 句子结构完整

是不是完整句，不能简单地用字数和长度来判断。简单来讲，就是一个句子中，有一个谓语。比如：

项目管理 (project management) 这就是一个短语，不是句子，因为没有动词，这里的管理是名词。管理项目 (manage project) 就是一个句子，因为这里的管理是动词。

2 观点明确

句子中不仅要陈述事实，而且要表达观点。一个句子中，要有形容词或副词来表明态度。观点不怕错，就怕模糊。错误的观点大家可以讨论纠正，而模糊的观点往往让人不知所措。

让我们一起把一个词变成观点明确的完整句。单说 rehearsal (彩排)，听众们会无动于衷，不知道你要说什么。换成 importance of rehearsal (彩排的重要性)，还只是一个词组，听众也不清楚彩排到底重要不重要。如果再变身，Rehearsal is important (彩排很重要)。这里已经有动词了，是个完整句了。再把观点加强，就变成了 Rehearsal is very important (彩排非常重要)。再提高一些，Rehearsal is very important to build up confidence (彩排对提高自信心很重要)。这样，整个观点就非常明确了。

再看一个销售报表的例子。“8 月份销售报表”，只是一个简单没有感情的词组，它可以作为表头，但绝不能作为标题或结论。如果说：“8 月份销售超额完成计划的 5%。”这是一个简单的完整句，让听众能一下子抓住重点。在此基础上，写成“8 月份市场回暖，销售超额完成计划的5%”，不仅用数字体现了结果，还指明了一个大的“回暖”趋势，是不是更一目了然呢？

使用简单完整句的另外一个重点，就是要简单。这个简单，也包含两层意思。一个是句式简单、字数少，教条一点就是一行能写下的完整句。那么一行可以写下多少个字呢？如果是中文，用32号字体，大概可以写下18个字，包括标点；如果用24号字体，大概可以写下25个字。英文用28号字体，大概是50个字母，包括空格、标点；如果是20号字，大概是70个字符。上面的“Rehearsal is very important to build up confidence.”是50个字符，完全能在一行里写下。

简单的另一层含义是指观点不产生歧义，大家都能明白。这个听上去简单，但是在公司里，由于种种原因，很多人说话喜欢兜圈子，而且只分析优势、劣势，却从不给出决定性的观点，觉得这样做不得罪人，不犯错误，其实，这样做你不仅错过了一个又一个锻炼自己、提高自己的机会，有时也会耽误项目的进度。

刚进百事时，向百事全球研发高级副总裁讨教，如何在百事做事。他告诉我：You must have your point of view. Otherwise, you can only be a good technician. （你必须有自己的想法，否则你充其量只是一个好的实验员。）

View——眼界，依赖于我们的高度，也体现了我们的高度，这就是我们常说的屁股决定脑袋。向老板勇敢地说出自己的看法，就是让他看到你屁股的高度。明确的观点也有助于让老板给出明确的答复。我曾经参加过一个奥运会项目管理的报告，报告人说这个奥运项目的成功很大程度上得益于他们做报告的方式，即在给市政府领导提交方案时，他们总是明确摆出至少两种备选方案，认真分析出它们各自的优缺点，便于市政府在很短时间内做出最快速最正确的批复。

你必须
有自己的想法，
否则
你充其量
只是
一个好的实验员。

简单完整句看起来很简单，却决定着整个 PPT 的表达效果，以及用 PPT 做报告的质量，绝对不能忽视。而且，由于很多人迷恋 KISS（Keep It Simple and Stupid）原则，这个问题很容易被人忽视。殊不知，过度形式上的 simple 带来的却是 stupid，甚至可怕的效果。

非简单完整句“击落”航天飞机

2003 年，哥伦比亚号航天飞机在返航途中爆炸。这一灾难的最终调查报告指出，航天飞机起飞时击中飞机机翼的隔热材料碎片，是罪魁祸首。而这一问题，在飞机起飞的时候就已经被观察到。美国航天局请波音公司对隔热碎片击中机翼航天飞机，对安全返航的影响进行评估。波音公司的报告以 PPT 形式提交给了美国航天局。但是，就是因为这份报告写得有问题，所以，存在的隐患没有得到重视，最终导致了这场灾难。

图 1–13 所显示的是这份 20 多页的 PPT 评估报告中的一页，

Review of Test Data Indicates Conservatism for Tile Penetration

- The existing SOFI on tile test data used to create Crater was reviewed along with STS-87 Southwest Research data significantly
  - Crater overpredicted penetration of tile coating significantly
    - Initial penetration to described by normal velocity
      - Varies with volume/mass of projectile (e.g.,200ft/sec for 3cu. In)
    - Significant energy is required for the softer SOFI particle to penetrate the relatively hard tile coating
      - Test results do show that it is possible at sufficient mass and velocity
    - Conversely, once tile is penetrated SOFI can cause significant damage
      - minor variations in total energy (above penetration level) can cause significant tile damage
  - Flight condition is significantly outside of test database
    - Volume of ramp is 1920cu in vs 3 cnu in for test

图 1–13

SOFI: spray on foam insulation，喷涂保温隔热泡沫，就是它造成了机翼上的洞。

测试数据的评估指出要用保守主义对待隔热瓦的撞击

- 值得关注，现存的隔热瓦上的泡沫涂层测试数据被Crater模型用STS-87 西南研究数据所评估。
  - Crater模型严重过度地预测了隔热瓦的穿透性。
    - 被正常速度描述的最初穿透结果
      - 不同体积、质量的抛射体（ 如体积3立方英寸以200英尺/秒运动）
    - 需要巨大的能量来软化隔热层颗粒，从而穿透相对硬的隔热瓦包层。
      - 测试结果的确显示了有足够质量和速度的可能性
    - 相反的，一旦隔热瓦被穿透，泡沫涂层就能造成巨大的破坏。
      - 总能量（ 在穿透水平之上）的微小波动就能造成重大破坏。
  - 飞行条件已经严重地超出了测试数据库
    - 碎片是1920立方英寸，而非测试中用的3立方英寸

图 1–14

我们来分析一下，问题在哪里。

这一页报告中，大量使用了完整句，这是他们做得非常好的地方。试想，如果他们用的都是词或者短语，其后果更是难以想象。然而，他们的句子虽然是完整句，却非常不简单。具体体现在：

第一，结构不简单。很多句子内嵌了一些复杂的语法结构。比如，内容中第一句话，其主语就是一个过去分词作定语的复杂结构。

第二，观点不明确。这是更致命的，让看到这份报告的人不知道该怎么做，最终导致了不可预料的结果。比如，最后一句，“碎片是1920立方英寸，而非测试中用的3立方英寸”（见图1–14），这句话到底要说明什么观点呢？为什么要用这样的小尺寸代表比它大几百倍的大碎片呢？这句话不但没有表达出观点，而且带来了更多的问题。

把这张PPT上的所有句子串起来，不能讲出一个有逻辑的故事，相反，还会发现很多前后矛盾的问题。比如前面说用一个正常速度的抛射物带入模型进行测试，而最后又说这个“正常速度”根本不正常，实际物体的尺寸远远大于测试的物体，而速度比测试物体要慢。又比如，前面说了模型过度预测了冲击效果，而后面又说模型无法满足真实测试条件。这些都是致命的矛盾。

除了这些前后矛盾的地方，还有很多小错误，比如significant（严重的）这个形容词，在这一页中出现了6次。一般情况下，像这种形容词，可以用在大标题里，在正页内容里具体说明，但是不能开口闭口都把这样空但没有实际意义的形容词挂在嘴边。要说清楚具体有多严重，才能让听报告的人作出正确决断。这些模棱两可、似是而非的语句传达的信息叠加起来，不但没有给美国航天局的决策人任何可靠的数据来做出正确的判断，更延误了获得正确信息的时机。

虽然我不懂 NASA 报告里面的项目和计算公式，但是，如果按照使用简单完整句的原则，上面的这页 PPT，可以进行如下修改，如图 1–15 所示。

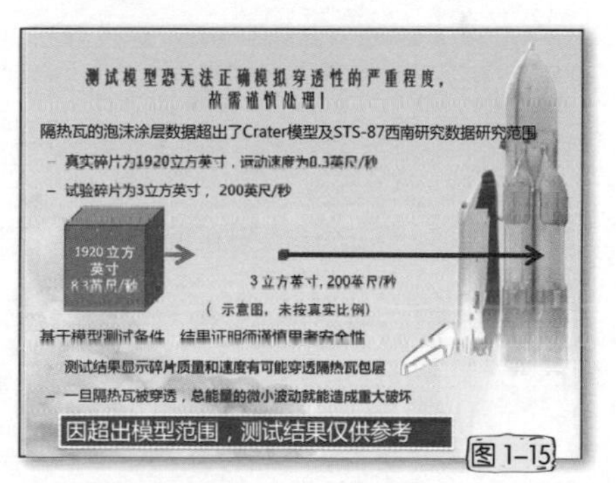

图 1–15

首先，要把所有观点都用简单完整句明确。PPT 的标题里就要明确指出模型计算与实际情况的差距，以提醒决策者对于这样的计算结果要谨慎小心。

其次，把最关键的信息提到前面。

第三，也是最应该引起注意的是，要去掉其中一些陈述性的、非观点的判断依据。比如，“需要巨大的能量来软化隔热层颗粒，从而穿透相对硬的隔热瓦包层”，这样的判断依据不会给结论带来任何实质性的帮助，而只会干扰读者的判断。

最后，用文本框强调结论，以给听众更明确的印象："由于测试数据超出模型范围，结果仅供参考。"使得报告更加严谨。

这件事之后，很多人怀疑PPT在处理类似报告上的能力。但我认为，PPT只是一个工具，内容的好坏，还在于制作者。英语里有个谚语：Bad worker always blames tools（不好的工匠总是抱怨工具）。上面的这个错误并不是PPT的错误，而是使用PPT的人的错误。

希望亲爱的朋友们，记住这个触目惊心的例子，更要记住简单完整句的两个必要条件：句子结构完整和观点表达清楚。在本书后面的讲述中，我会反复强调它的重要性和使用方法，以期帮助你改变你做PPT的风格，让它更清楚更明确。

第四节 骨灰级的PPT结构——总分总

PPT 的结构是指把内容有机组织在一起，帮助听众更好掌握信息的方式。平时最常见的 PPT 结构是标题、目录，然后就是没完没了的内容。这样的结构显然不能很好地调动起听众的兴趣，更不用说出新了。

PPT 最实用的结构应该是总分总。没错，就是我们小学三年级时学写作文时，学到的那个总分总结构。这个结构堪称骨灰级八股。听上去好像有些老套，但可别看扁它。首先它的确特别好用，另外，花些心思用好它，就能让你的 PPT 非常精彩。

从文体角度上说，PPT 做成的报告，更像论述文或者说明文，即说明一个事实，然后基于这些事实提出观点。在这个结构中，总分总分别对应的是概述、分论点和总结。具体来讲，就是开始时开门见山，告诉听众这个 PPT 是讲什么的，接着从几个方面进行论述，这几个方面有可能是并列的，也有可能是递进的。最后进行一下总结。这个总结不但需要在原有基础上进一步明确观点，还要提出下一步的计划。

一、第一个总：概述

这个“总”，用概述（contents）来表述，针对会议也可以用议程（agenda）

这个词。一般只有一页，分条写，每一条都要用简单完整句，最好的效果是让听众 1 分钟内把握领悟整个 PPT 的内容，如图 1–16、图 1–17 所示。

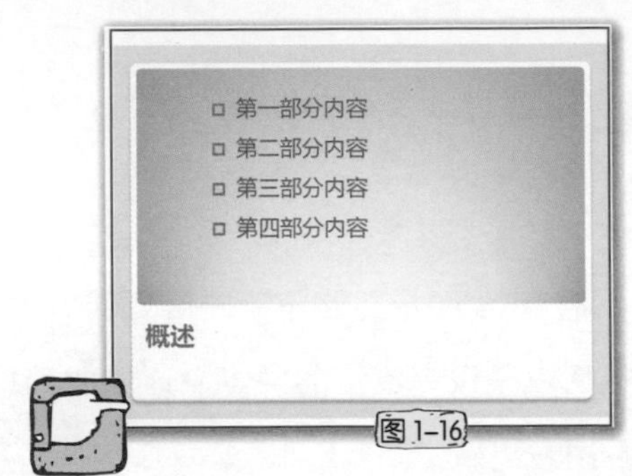

图 1–16

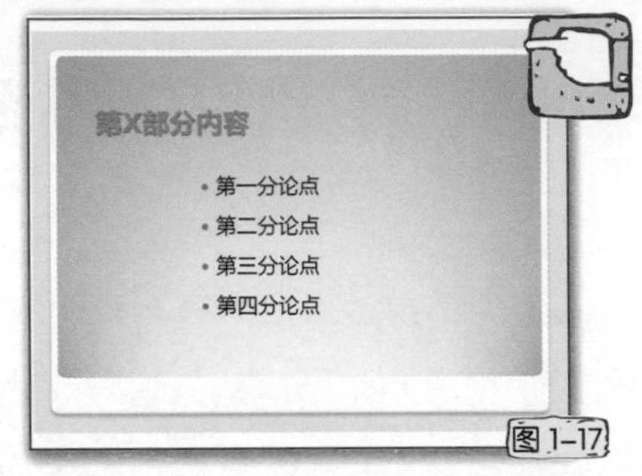

图 1–17

分多少条合适，要根据报告内容来定。有些人迷信魔幻数字“7”，认为最多不要超过 7 条；有些人相信“3”，就说不要超过 3 条，每条不要超过 3 层。这些说法都不够科学，具体的数字要和报告的长短直接挂钩。一个 100 多页的报告，最好分成3~5 个章节，开始一页只提出各个章节的要点，在每一章开始的地方再用同样的原则做一个章节的概述。

一个只有 20 多页的 PPT，就没有必要细分章节，只要把分步的要点列出来就可以了。概述页里，设置 3 ~ 5 条要点比较适宜，每一条的层次不要多于两层（见图 1–18）。

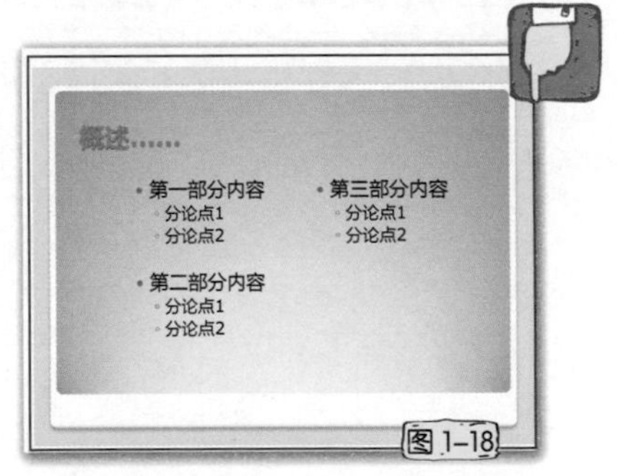

图 1–18

很多人喜欢用提问的方法写概要，觉得这样可以吊听众的胃口，很酷。如果你也是这种方法的粉丝的话，请注意两条：

1 要一问到底，保持统一

所有的观点都用问题的方式提出，同时，要在每一部分的开始或结束时，给出一个明确的解答。比如，在德鲁克管理学院做一个关于跨地区项目管理的培训时，我开始就一连串抛出了几个问题，每一章PPT的开篇，我又用醒目的大字回答每个问题，如图1-19所示。

这样，开篇和内容就有效呼应起来。在回答问题时，也要简单完整句，使听众能够一下子抓住主要观点，迅速切入培训的主题——如何能够更好解决跨地区项目中交流困难的问题。

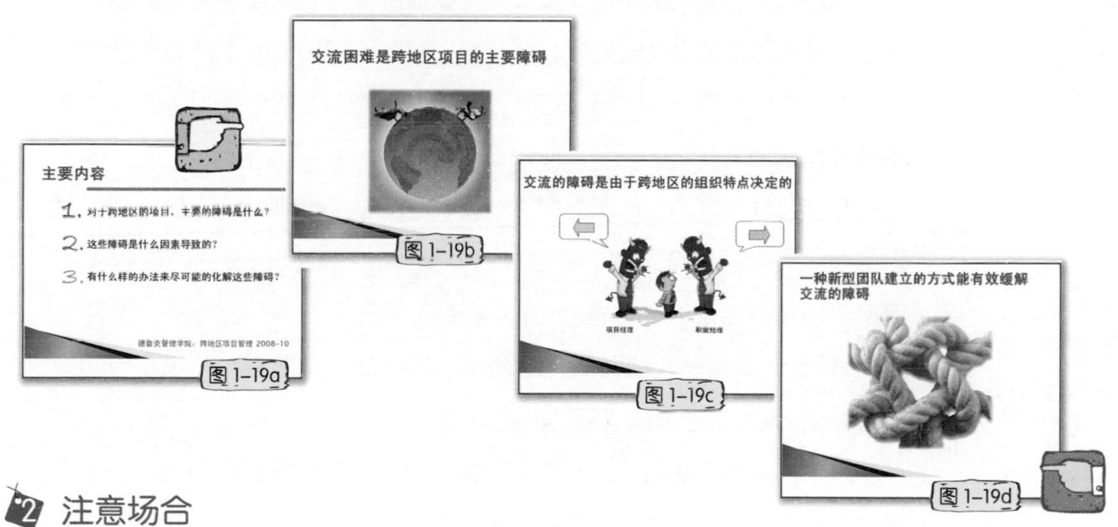

图1-19a 图1-19b 图1-19c 图1-19d

2 注意场合

一问一答，一一对应，就像唱山歌一样美妙。不过，正如山歌要在山上唱，使用提问方式写概要也要注意场合。

提问这种方式用在听众相对较少的工作坊（workshop）和公司内部会议上比较好，用问答一层层揭开神秘的面纱，讲解起来生动形象，引人入胜，能够活跃现场气氛。如果听众很多，是个大礼堂，你的问题要么无人回答，要么乱成一片，往往很难做到收放自如。

使用提问方式书写概要，要视项目的重要程度而定。如果是一个重要的项目汇报，老板正着急知道进度，就不适合用提问这种方式，因为这时候，故意吊老板胃口，就有些跟老板玩“逗你玩”了，变成弄巧成拙了，还是直截了当好。

职场感悟

PPT 中概述页的目的是要给听众一个全局感，让听众脑子里有一个 big picture，有助于听众全面接纳信息。在我们的工作中也需要树立这种全局观念。

总是听一些朋友抱怨说，整天忙忙碌碌从早忙到晚却不知道自己在干什么。其实这就是没有全局感。一方面，是你不知道你的工作对于整个项目或者公司意味着什么，另一方面，你也不知道现在的工作对于你的人生意味着什么。

哲学家苏格拉底在一次郊游中，看到三个石匠分别在凿三块石头，并且都很认真。哲学家问他们在凿什么？第一个石匠回答说：“凿石头。”第二个石匠回答说：“准备塑一座雕像。”第三个石匠回答说：“要建一座大教堂。”同样是在凿石头，却有不同的目标。正是因为第三个石匠有这种 big picture，后来成了著名的建筑师。

三个人同样在凿石头，一个人只看到了无聊的重复性的劳动；一个人看到了技术背后的艺术；而第三个人则看到了未来那可以与上帝对话的宏伟教堂。显然，他们的工作积极性与人生态度一定不同。

作为项目经理或部门经理，我们有责任告诉团队伟大的项目到底是什么，它的前途如何光明，道路如何曲折。这样才会赢得士气。

一个项目里，最重要的会议就是启动会议（kick-off meeting）。它的目的不是在于分配工作，而是在于告诉大家目标在哪里，步骤是什么，各个部门作为一个个齿轮是怎么结合起来保证机器运转的。只有这样，大家才不会像没头苍蝇一样瞎忙，而是朝着共同的目标去奋斗，就是所谓的同舟共济。

二、把你的分论点制作成页标题

概述是把整个 PPT 的总论点说清楚，那么“分”就是把这个观点分成能够支撑主要论点的 N 个小观点。如果把概述比作脊梁，那么分论点就是构建骨架的肋骨。概述和分论点构成了 PPT 内容的提纲，把所有页的观点串联起来就是整个故事的压缩版。

毫无疑问，阐述分论点最简单的办法是，把它写成页标题，让听众通过快速浏览页标题，就能明白整个故事的来龙去脉。哪怕是 100 页的报告摆在老板桌上，他也能在 3 分钟之内明白你的主要观点。百事的 CEO Indra Nooyi 就是这么看报告的。据说上面的人才讲到第 10 页，她手中的报告已经全部翻完了，很可能冷不丁地问个关于第 75 页的问题。这种 PPT 页标题写作方式，能够非常有效地提高工作效率。

要达到让读者能够一目十“页”的效果，就要改进两种写页标题的常用方法。第一种常见的方法是简单地把“章节内容加页排号”作为内容页标题，比如，有一章的内容是公司“前半年的销售情况”，那么在每页的题目就简单地分别叫作“前半年的销售情况 1”、“前半年销售情况 2”，等等，直到这部分结束。这样看上去好像结构很完整，但如果你是老板，你能从这一页的标题读出什么吗？销售到底是上去了还是下去了呢？根本看不出个所以然。所以这种方法不好。

另一种方法，就是把每页的标题都写成只针对这页内容的一个完整句，比如“东南区前半年圆满完成销售任务”，“西北区只完成了销售任务的 80%”，等等。让听众很快就能看到结论。这种方法显然比第一种要好很多，但是这样的标题有时会显得比较零乱，听众很难把握整体结构，不容易形成整个故事的线索。

正确的方法是把章节信息和本页观点有机结合起来。怎样把这两点结合起来呢？也就是让章节的信息来统一结构，让页标题表达观点。可以用双重标题的形式，也就是要起一个简短的章节标题，再用一句简单完整句来总结这一页的观点。例如，在具体说明“跨地区项目的特点”这一章节时，我们会分几页，每页一个分观点（见图 1–20）：

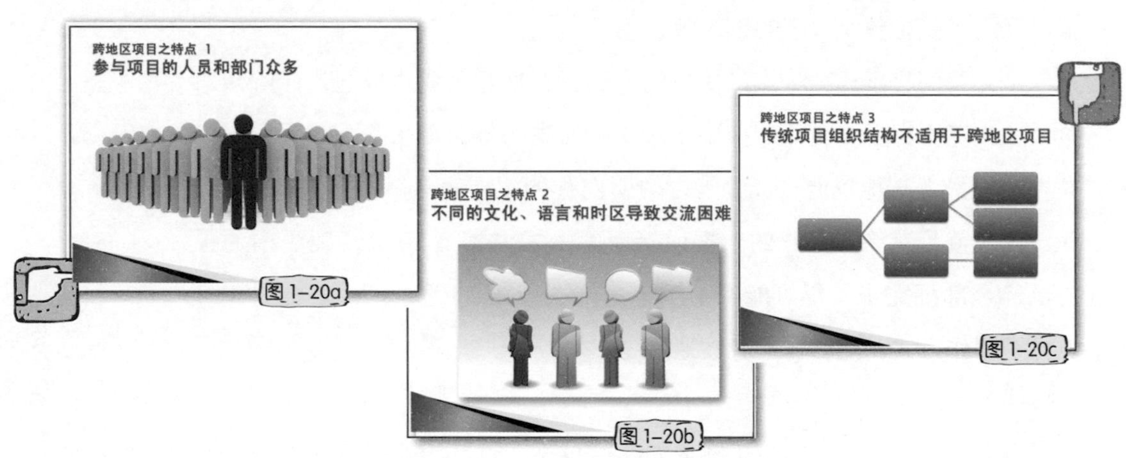

图 1–20a

图 1–20b

图 1–20c

一动一静，动的是整句话的观点，是该页核心内容的概括；静的是这一章的标志，这样，就保持了结构上的协调和统一，也就把它们的优点结合了起来，让听众只需要快速浏览这种页标题，就能把握整个 PPT 的结构以及中心观点，让领导事半功倍。

最后的总结是非常重要的一环。开会听PPT报告，大多是被关在一个封闭的空间里，傻呆呆地像棵白菜一样坐在那儿，无论视觉、体力还是精神都要面临极大的挑战。到了最后，更是到了崩溃的边缘。这时，听众的注意力以及接受能力都会大幅度滑坡。别说是开会，就是去电影院看电影，在电影的结尾，观众的绝大部分注意力也会放在主人公的命运上，前面跌宕起伏的情节基本上忘得差不多了。所以，大家更关心的是PPT的结论。

比起电影等文艺形式，PPT更需要总结一下，因为PPT的劣势非常明显：

第一，PPT报告时间短、信息密度大，听众往往有被填鸭的感觉；

第二，PPT的"故事"不像电影或者小说里那么生动形象，理解起来费脑子；

第三，PPT更抽象，逻辑性更强一些，比起按时间推进的电影的故事情节，更难让听众记住前面的细节，所以，PPT中信息传达的多，被有效接收的少。

比如，给客户介绍产品，眉飞色舞地介绍了七八种，但如果最后没有总结，客户很可能只记住了最后一种，而忘记了前面讲过的更好、更新的产品。这在心理学中被称为近因效应(recency effect)理论，即在多种刺激一次出现的时候，印象的形成主要取决于后来出现的刺激。为了避免这种情况，最后的总结概括是非常重要的。

但是，总结并不是把前面的目录再贴一遍，机械地重复一遍刚刚说过的 1、2、3、4、5……问“大家有什么问题吗？”下面肯定会鸦雀无声，所有人都耷拉着脑袋，没有人说话，就等你的最后一句“会议结束”，然后“OK，解放啦”，大家四散而逃。这种总结没有任何意义，会议也达不到预期的效果。

总结是得到反馈的关键时刻，没有反馈的报告就是浪费时间。在总结时，主要要达到以下几个目的：

1 回顾内容（recap）

即把前面的内容简单扼要地梳理一遍，就像讲新课之前，老师会把上节课的内容回顾一遍一样，温故而知新。

总结时，回顾内容和开篇时的总说侧重点不一样。开篇强调的是内容的概貌，明白地告诉听众，这个 PPT 到底要讲啥；总结时，则要格外强调观点，把内容中每一部分的观点都尽量突出出来。要多用“首先”、“然后”、“接下来”等表示逻辑顺序的词。

比如，结合 PPT，你可以这样讲：在前面的报告中，我们首先描述了这个项目的必要性（用简单完整句表达概况的结论）；然后讨论了项目的实施计划（用简单完整句表达概况的结论）；接下来，在计划的基础上讨论了项目的风险（用简单完整句表达概况的结论）；最后，我们讨论了下一步的工作。当然，还可以详细一些，可以把一些重要的分论点也总结一下，等等。

2 整理逻辑（logic）

总结时，仅列出结论还不够，还应该把观点之间的联系给听众梳理出来，从而把之前灌输到听众脑子里的信息系统化、逻辑化。不能苛求听众在很短的时间内，自己做到这一点，帮听众整清逻辑是总结时的一大任务。可以用“在××的基础上”、“基于××的分析”之类的表述。比如，一个分析项目风险的PPT，可以这样整理逻辑（见图1–21）：我们首先运用了鱼骨法分析了项目的风险，评估了它们发生的可能性和一旦发生后果的严重性；接下来，基于上面的分析，我们选出了几个最主要的风险，做出了应急预案。然后，我们就可以到总结的下一步了，提出最终结论。

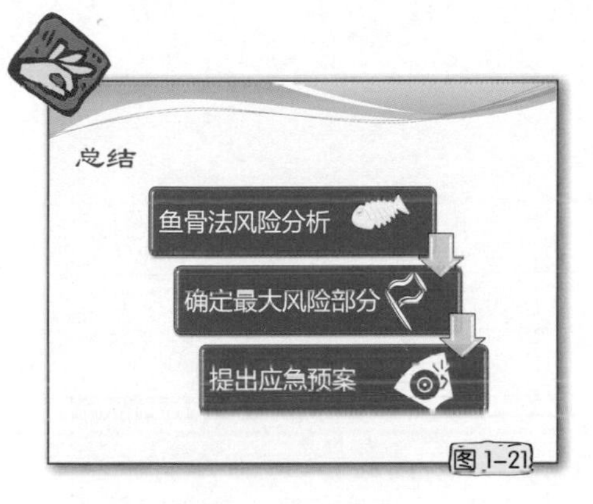

图1-21

3 提出最终的结论（conclusion）

总结中也要提出最终的结论，最好是用一句话总结整个PPT。这个结论一定要明确，比如，前面提到的风险评估PPT的结论就可以是：所以，我们认为我们已经有了足够的对应项目风险的能力和方法，做到了未雨绸缪。

但如果只是个人观点，很多人往往不愿意说得这么明确，这么斩钉截铁，生怕被拍砖。其实，无论是个人的还是团队的观点，都不要怕听众不同意。明确的观点才会得到明确的反馈，说不定听众的反馈会让你茅塞顿开呢。俗话说三个臭皮匠顶个诸葛亮，何况听众里藏龙卧虎，有好多诸葛亮呢。还有一些人，抱住自己的观点不放，坚持My way is high way。人可以有傲骨，不能有傲气，做PPT，要怀着一颗谦卑的心。听众有不同意见的时候，不要急着跳起来反对或辩护，要耐心地听，让人家把话说完。

不仅要理解听众的意见，更要了解意见背后的依据，也就是要倾听（effective listening）。观点不一样，但也可以通过倾听和交流，找到大家共同的关注点。比如，关于产品是应该涨价谋求更高的利润，还是应该降价来获取更多市场份额的问题，虽然观点截然不同，但是两种观点背后的理论支撑和事实依据，其关注点都是如何定位产品、了解消费者的需求和消费心理。找到这个契合点以后，就可以抛开针锋相对的涨跌问题，而讨论如何渡过金融危机，如何更好更准确地把握消费者的需求。这一过程，也就是通过深挖矛盾背后的共同点，找到真正解决问题的方法。

4 计划下一步工作（next step）

总结中最重要的是，把汇报的东西落实转换在下一步的行动中。比如，一个立项性的 PPT，下一步的工作是需要得到领导的批准和项目组成员的支持；项目的阶段性汇报，要布置下一步的工作，调整原来的工作计划；项目结束时的总结性汇报，需要把经验教训统统提炼反馈到组织的系统中，对后面的项目有指导和借鉴意义，这一步被称为 lesson learned（经验总结），对于项目收尾是非常关键的。

具体的行动和投资，一定要有个具体的数字和时间表，还要落实到个人。如果跟项目团队含糊地说：大家过两天把你们需要的预算报上来。别说过两天，就是过 20 天也要不上来。就算及时交上来了，也是误差极大。正确的说法应该是：“请大家务必在本周五下班前把预算交上来，预算要精确到±10%,以人民币为单位。我会后马上把模板发给大家，大家按照模板填，然后发给我。”只有这样把计划具体化，才能真正化为行动。

5 寻求反馈 (feedback)

如果需要老板、队友的支持和其他部门信息的输入，就要在总结时提出问题并获得反馈。总结时，可以把问题发给听众。要把具体的问题列清楚，不能只简单问“可不可以”，“行不行”。如果答案是否定的，还要尽可能追究一个背后的原因，看看是不是有什么其他的解决方法。比如，PPT 报告是为了批准下一步的计划，就要向经营丰富的老同志多多请教，听听他们有什么补充意见。如果 PPT 报告的目的是需求赞助，则要给出所申请经费的具体预算和产出的估计，以及风险的评估。

一个大型国有企业的项目经理跟我抱怨：“还是你们外企好，不差钱。我们报上去的预算老板看都不看一眼，就要求减 20%，搞得我们现在都习惯性地先多报 20%再说。”我的预算为什么没有被老板削减呢？并不是因为外企老板真的不差钱。在我报上去的预算里，我用不同的颜色注明了哪些是固定的价格，改变不了；哪些是我们自己的估值，而这些估值的依据和来源又是什么；同时还注明是保守估计还是乐观的估计。所以老板即使要把预算狠砍一刀，也会有的放矢，关注那些估算值，以及数量级比较大的项目，而不是一股脑统统一刀切。有一次，我们做一个大项目，本来项目预算是 20 万美元，但最后我计算下来要 23 万美元。因为我给出了充分的理由，老板也欣然同意了。最后核算下来，我们最终的误差很小，没有浪费一分钱，项目也非常成功。

反馈可以帮助我们拓展思路、凝聚人心、提升气势。多多寻求有效反馈，可以让我们的 PPT 更有意义，工作事半功倍。

总结位于 PPT 的结尾，但是并不是工作的结束。它承前启后，面向未来而不是过去。每一次的演讲都是下一个阶段的开始，如果前面的题目让听众睁大了眼球，那么结束时就要让他们每根神经都兴奋起来！只要按照上面讲的这五步进行，就一定能够说服你的听众，拿到你想要的反馈，实现你 PPT 想要达到的目标。

第五节 随手拈来的创意线索

一、魅力线索——被遗忘的法宝

你尝试过用一个线索把一个 PPT 故事连起来，形成自己 PPT 的风格吗？线索对于写作很重要，对 PPT 更重要。

北京奥运会开幕式，比起从前那么多届奥运会，最大的特色就是使用了线索。那幅巨大的画卷，作为主线贯穿了整个开幕式，从最初的四大发明，一直到最后的点火仪式，给人印象特别深刻。这个线索的贯穿，让观众感觉好像是在历史的长河里漫游。同样的道理，一个好的线索，能把内容贯穿起来，让听众对 PPT 的结构更清晰，对内容更有效地接受。

曾经去考察一条食品生产线。这条生产线的厂家人员介绍说，他们的设备有很大的灵活性，可以做很多种产品。然而，到现场考察后，发现他们所谓的灵活性，是指他们有不同的设备可供选择，从而组合出多种生产线，而一旦这个生产线固定下来的话，它的灵活性就有限了。

关于这件事的 PPT 汇报，最重要的是要强调和突出这两种截然不同的灵活性之间的区别：一种来自于可选择的范围，而另一种则是同一设备可以调节的参数范围，以让老板对这条生产线了解得更加透彻，更加全面。为了说明这种区别，我用了一种生动的比喻方法，分别把这两种灵活性比喻成了芭比娃娃和弹力女超人（见图1–22），用这两个听众熟悉的人物作为线索。

图1–22

芭比娃娃的特性是同一个芭比可以通过选择一套套不同的衣服、不同的装备打扮成气质截然不同的娃娃，时而是公主，时而又是牛仔。当我们买芭比的时候，不可能也没有必要买那么多的衣服和配件。只是在买娃娃前要做足功课，根据具体的需要，进行精心的选择和决策。而出现在动画片《超人总动员》里的弹力女超人则不同，她虽然只有一套超人制服，但却可以无限地延长和弯曲手臂（见图1–23）。

图1–23

通过这个形象生动的比喻，让听众迅速地抓住了两种灵活性的特点。同时指出，这家公司的产品更倾向于芭比娃娃类型的灵活性，而我们则希望拥有的是具有弹力女超人这样灵活性的生产线。在PPT中，分析了各种组合，看看哪种组合具有更大程度的弹力女超人这样的灵活性，适合我们的要求。在整个 PPT 的构思上，我充分地利用了“芭比娃娃”这个线索。把 PPT 故事的主人公想象成一个向妈妈要一个新的芭比娃娃的小姑娘。作为一个懂事的好孩子，她在告诉妈妈要买个新娃娃前，她都会想哪些问题呢？如图 1-24 所示。

图 1-24

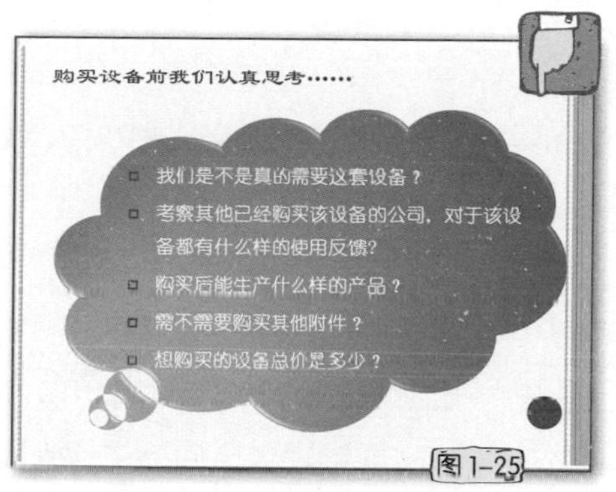

图 1-25

按照向妈妈要芭比娃娃的思路，从买设备的角度来想问题，这五个问题就变成了如图 1-25 中的五个问题。

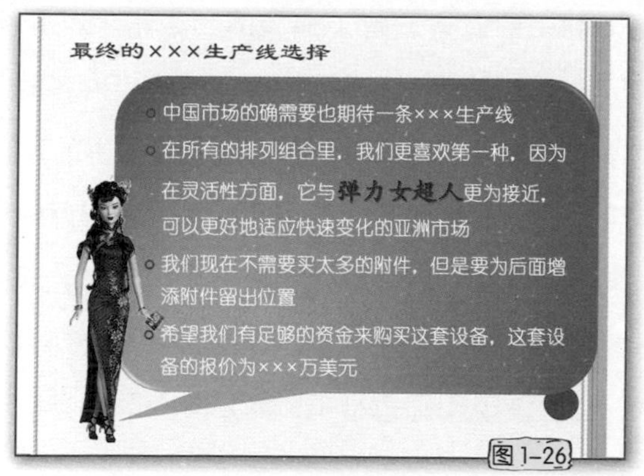

图 1-26

接下来，围绕这几个问题，一条条分析这个设备的必要性，见图 1–26。就这样，这几张 PPT 中，没有费任何力气，只是用一个简单的比喻线索，就把复杂问题说明白了，还引起了老板足够的兴趣。

北京奥运会开幕式的震撼力和上面这个例子表明，有了线索的 PPT 绝对上了 N 个档次，让老板们能够过目不忘。那么，什么样的线索才是一个好线索呢？

1 容易理解，且这种理解是大家默认的共识

特征非常突出，约定俗成。就像上面例子中的芭比娃娃，地球人都知道。但如果大家都不知道这个故事以及人物含义的话，花上半个小时给大家解释就不划算了，这么短时间内，听众不见得能够领会其中的含义。

一个朋友听了我的课后，知道了线索的重要性，就以现代五项运动为主线，写了一个 PPT 来解释他主要负责的五项工作，以及它们的重要性。他本人是个体育健将，是现代五项的爱好者，说起这个项目可谓如数家珍。可是，对于大多数人来讲，这绝对是个不引人注意的小众项目。结果是，这个朋友在讲 PPT 的时候，费了很大的劲来给大家介绍这五个项目，它们是如何记分的。而到了他要讲的核心内容的时候，听众早就已经被他忽悠晕了，根本没有听进去他要讲的真正内容。

他事后很郁闷地来问我，他错在哪里。我告诉他，这个线索对于听众来讲难度太大了。用线索把 PPT 串起来，就是为了能够降低理解的难度，增强趣味性。所以，如果需要超过 1 分钟介绍你的线索，那么就说明你选错了，需要改一个更容易理解的。

此外，还要考虑一下听众的背景。选择听众能正确理解的，注意代沟和文化差异。比如，我们中国人认为喜鹊是吉祥的象征，可是英国人却认为这种鸟很不吉利。给英国听众讲时，就不能用喜鹊做线索，大讲特讲我们今后会如何买卖兴隆。

2 线索给 PPT 足够的拓展空间

也就是说，这个线索可以承载所要讲的内容，就像一个比较大的舞台，能够承载整个 PPT 的内容。比如，北京奥运会开幕式的画卷，把中国的历史、北京奥运的历史都承载于这个画卷之上。不但让人了解了这些内容，而且让它们表现得更生动。另外，需要注意的是，对于 PPT 主线的选择，也要考虑这个平台是否能够让内容结构更合理，表达更充分。

曾经，我借用《非诚勿扰》里的“分歧终端机”为线索，做过一次PPT 培训。要求人家设计一个推销“分歧终端机”的 PPT 来拉风投。这个看似荒诞的话题给了大家无限的想象力，每一组都在这个舞台上超长发挥，赢得了听众的一阵阵笑声和掌声。我们的“风投”评委也个个财大气粗，把大把大把的银子，投向了他们最中意的投资计划书。这样一个线索，不但让大家掌握了制作 PPT 的要点，还大大提高了大家参与的热情。让你的线索能够提供这样一个平台，就能够让你的内容有的放矢。

3 线索要能表现出自己的特色

北京奥运开幕式，导演选择了画卷作为线索，还有一个重要的原因，就是这幅画卷能够充分表现出中国特色，获得了极大的成功。所以，PPT 的线索，还有一个要求，就是能够体现出公司或者制作者的风格特色，比如，公司的主题色、logo 及 logo 的变形，等等。微软的同志们可以把他们四色的 office logo 作为一个主线，把工作分成 4 个部分。每个部分都用一个颜色代表来进行说明。当然，也可以用公司里某一经典产品的平面广告或在某个时间段里的变化来展现公司的发展史，效果鲜明生动，让人回味无穷。

二、线索就要这样挖

一个好的线索，就像飞来神笔，让你的 PPT 光彩照人，熠熠生辉。那么，具有以上三个优点的线索去哪里找呢？其实很简单，它就在你身边。

与作文一样，PPT 的线索可以是人物、时间、地点、事件、实物或思想感情，而且还可以结合起来用。平时，用得比较多的是事件和时间，而实际上，其他几种线索也非常好用。下面，提供两种可以寻找好线索的方法，仅供参考。

1 比喻法

啥叫比喻，就是把你不懂的东西看成一种你熟悉的东西，找到他们的共同点，帮你认识新的东西。我把它看作是认识新事物的催化剂，降低学习难度。这种比喻法怎么用在 PPT 中呢？关键是要找到一个非常合适的喻体，就像前面所举的那个芭比娃娃的例子，通过这个比喻，让大家更快更好地理解这个设备的灵活性。

写 PPT 的时候最怕头绪多的项目，很让人挠头，构思起来好像抓刺猬，不知道从哪里入手。其实越是头绪乱，就越需要通过线索把条理梳理清楚。用比喻方法找来的线索就能化繁为简，帮助表达一个复杂的过程。

我们曾做了一个跨国家的健康油项目。这个项目要从 3 个国家(中国、泰国、澳大利亚) 准备原材料，集中到中国做测试，然后把样品分运到中国和泰国作 6 ~ 9 个月的保质期测试。每一步工作都牵扯了多个国家多个部门的协同工作。项目每向前推进一步，都需要把各个部门的不同报告和数据集中到一起，历时一年，到项目结束的时候，数据量又大又乱。怎么把这样一份完整的报告用故事串起来，颇让我伤了一番脑筋。当时，老板给我们项目团队攒了一个响亮的名字 H.O.T（Healthy Oil Team），所以我们也成了整个公司里最热（hot）的话题。

图 1-27

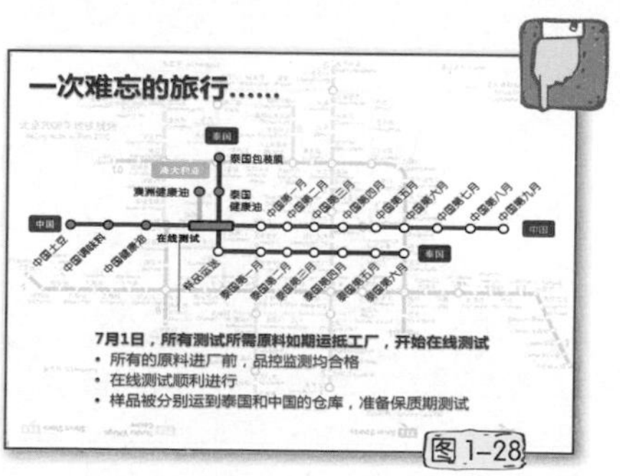

图 1-28

在构思 PPT 报告的时候，首先我通过前面讲的 Google 法找到了一个乐队的摇滚专辑做标题，叫《Hot On The Tracks》。“on track”英文本身就双关铁路和按部就班，一方面用它来说项目一步步地按计划进行，而另一方面铁路让我联想到了用列车的概念来讲述整个过程。于是，在 PPT 中，项目经理改叫了列车长，核心项目组员叫乘务员，并且借用地铁线路的概念来描述我们项目的整个过程（见图 1–27）。地铁路线图看上去很复杂，有交点，有分支，但无论怎么复杂，因为它是生活中常常遇到的东西，大家很容易理解。

通过地铁线路图的方式，把分支众多的过程有机地整合到一起（见图 1–28），一个复杂的过程立刻就变得清晰明确，跃然纸上。找到这个绝妙的线索之后，我要做的只是要让听众理解每一站的目的和它们之间的联系，并且通过具体的分析把每一个站都解释清楚，带领听众从第一站一步步地行驶到最后一站，得到最后的结论。逻辑上，只需要简单地用了一个按时间先后顺序描述的过程，但这个比喻的线索帮助我抓住了观众的心，赢得了掌声。

这两个成功例子的背后，线索的力量可见一斑。但是，到哪里去找这些线索呢？其实，这些线索比比皆是，生活中很多司空见惯的东西都可以拿来作为 PPT 的线索。下面，我们重点讨论几个有代表性的例子。

(1) 积木

用来强调基础和结构相互支撑、组合，可以用来说明项目中哪些是基础环节，哪些是在此之上进一步开发的。

(2) 多米诺

强调系列连锁反应，在分析造成一个事故的诸多原因时，如果是一系列的连锁反应，就可以用多米诺骨牌为线索。

(3) 拼图

这也是一个非常常用的方法，可以很好地强调部分和整体之间的关系。如果一个新产品是由几个部分构成的，比如包括产品、包装、价格、市场定位等部分，就可以用这个作为线索。

(4) F1

F1赛手之所以能够驾驶赛车在赛道上驰骋，就是因为在他的身后有一个强有力的维修团队，他们能够在非常短的时间内更换轮胎，得益于他们的团队合作。所以，我们说明一个项目或团队协助的时候，可以用这个来比喻。

(5) 蝴蝶

蝴蝶的蜕变是自然界最美丽的神话之一。一个新产品的升级上市、一个新员工到资深经理的历程都可以用这样一个美丽的神话来诠释。

(6) 三足鼎立

硕大美丽的铜鼎是由 3 只坚实的足支撑的，很多项目也需要这样的 3 只足，构成这 3 只足的因素有很多，比如项目的三重约束时间、范围和资金等。

(7) 千手观音

好好想想你这一年来做了多少工作，是不是像一个千手观音呢？这个比喻可以很好体现出你所做的各项工作和自己的众多长处！

(8) 龙舟

这个喻体强调了步调一致和团结精神，也突出了舵手的作用不能忽视，可以用来讲团队如何服从命令听指挥、团结一致战胜竞争对手。

这样的例子太多了，在此不再一一赘述。当你想表达一个意思时，闭着眼，把你周围接触的东西想一圈，说不定就能找到合适的线索。

2 吉祥物法

另一个非常好用的有效线索是吉祥物。这样的吉祥物在生活中，也是非常之多。别的不说，迪士尼动画片里的每一个主人公都会有一个形影不离的宠物，比如花木兰里的蟋蟀，海底总动员里的小蓝鱼多莉。这些小动物一方面是串起故事的一个线索，另一方面有一些内容也可以用可爱的宠物语气来表达。

所以，一个关于坚果产品的会议总结的 PPT，我就使用了吉祥物的线索。我参加了两次百事公司内部关于坚果产品的国际会议，一次在阿姆斯特丹，一次是在墨西哥城。每次回来后我都主动和全组分享学习成果，因为在工作中只有多分享才能多回报。

我到百事总部报到的头一天，负责全球研发的高级副总裁请我一起共进午餐。我让他给我这个新人一些建议。他说了三条，我至今倒背如流：

1. 学习专业知识；2. 分享信息；3. 带领别人和你一起干。

前两条，很明白；后一条，当时却无论如何也想不明白，他为什么要对我这样一个刚进公司的小虾米说要带领别人和我一起干。我可不想出风头，做人要低调。但后来的工作经历告诉我，其实我最初并没有领会到那句话的精华。经历了工作的历练，才明白这三条之间的关系，只有你努力学习专业知识，才有东西和别人分享；在分享的过程中，自然就会交到朋友。这些朋友就会在你最需要他们的时候来支持你。所以，学习专业知识是基础，分享信息是核心，而团结群众是结果。这也是我在百事学到的受益终生的东西。

第一次对这个道理有深入的体会，是刚到公司不久，百事在亚洲要上一个新产品。我们手头的资料有限。而这些产品早就在欧洲和南美洲上市，老板给了我一份名单，让我去给这些人发 E-mail，请他们寄些材料。名单上这些人都是各个地区的技术大牛或者部门负责人。

我一个新人小虾米狐假虎威地打着老板的旗号去要材料。结果出乎我的意料，不到一周的时间，全部资料都要到了，

而且信中还洋溢着对我老板的崇拜，让我代他们向老板问好，甚至敬礼。我非常好奇，去问老板，他是如何做到的。他笑笑说：“靠啤酒！”他嘱咐我，将我们的总结发回给和我分享资料的人。我照着他说的做了，把写完的总结 PPT 和我的感谢，发给了支持我的每一个人。通过这样的分享，我交到了不少朋友。

再后来，分享多了，发现老板所说的啤酒只是维持关系的 1%，剩下的 99%靠的是工作上的相互支持和信息的沟通。所以，每次有机会参加公司的国际性会议回来后，都会把相关部门的人聚在一起，给大家做一个报告，用一点时间，总结会上的学习成果，同时提出我对这方面工作的设想。

在百事工作两年后，再一次在国际会议上见到那位高级副总裁的时候，我高兴地告诉他：“我终于懂了你当年告诉我的那三句话。我把它牢牢地记在了心里，也分享给了我身边所有的朋友。”

在每次的坚果会议总结里，我都用了《冰河世纪》里的这个小松鼠作为线索。原因很简单，第一，这个小松鼠爱死坚果了，它心中的天堂就是到处是坚果，以至于最后离天堂一步之遥被救活时，都觉得没有坚果的生，不如在满是坚果的天堂里死。第二，为了得到一枚坚果，它从不放弃，不管这个坚果是深陷悬崖还是掉到湍急的大海里，它都勇往直前、奋不顾身。第三，它太可爱了，那种执著的精神真是傻得可爱、傻得令人敬佩。这个小松鼠的爱业、敬业、永不放弃追求的精神正是我们“坚果人”应该具备的职业素养。

下面这几页 PPT，摘自于我参加的在墨西哥城的第二次坚果大会的总结报告。首先，我回顾了在头一次阿姆斯特丹会议中学到的东西，然后提出问题（见图 1–29）：作为百事的亚洲地区，我们要到哪里找到适合本地区的坚果产品，又如何得到我们心目中的坚果呢？

图 1–29

经过一系列分析后，我回答了这个问题，并用一幅小松鼠紧紧地抱住了大坚果的图（见图 1–30），表达出实现目标的喜悦。这幅图里，小松鼠紧紧地抱住了大坚果，那眼神真让人感动。

图 1-30

同时，我用另外一幅图来提醒大家，不但要自己取得成果，还要关注周围的竞争者。小松鼠抱着坚果，面对周围这么多凶神恶煞的鱼，形象地提出了一个新的问题：竞争!

就这样，用几幅非常简单的图明确地点明主题，让听众很容易和我们的观点产生共鸣。通过一个小松鼠，不仅串起了整个故事，还用它表达了很多自己的心理感受，更直接说出了很多观点。

前面提到过的《Merry Xmas and Healthy New Year》，我用了圣诞老人作为线索，以圣诞老人的口吻来讲出消费者对于健康食品的需求(见图 1-31)，然后看看我们应该做什么样的产品来满足消费者，从而把整个故事串起来。

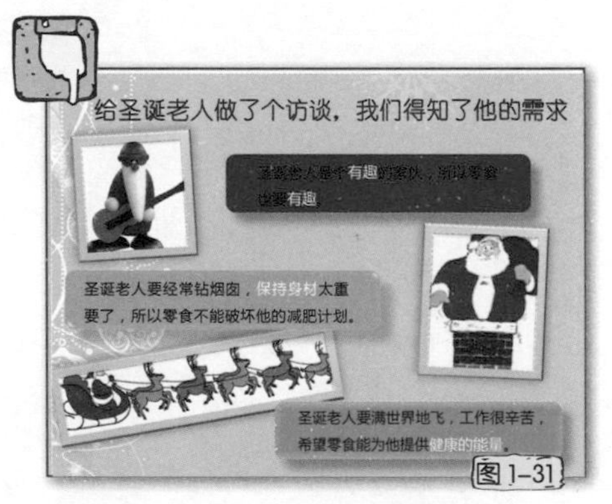

图 1-31

故事是这样讲的：圣诞节就要到了，每年圣诞老人都忙着给大家送礼物，而今年作为北极的小精灵，我们想为圣诞老人做一些他喜欢的健康零食，送他一个健康的新年。圣诞老人对健康零食有什么样的需求呢?

圣诞老人是个超级可爱的家伙，无忧无虑的快乐生活是他的目标。健康的零食要体现出这个特点，不能太严肃。圣诞老人还总是要钻烟囱，所以要保持体型，控制体重，否则连烟囱都钻不进去就麻烦了。最后，圣诞老人要满世界地跑，给小朋友们送礼物，所以送给他的零食要能提供足够的能量，而且是健康能量。所以，给圣诞老人的食品，要有趣，能够控制体重和提供优质的能量，从而提出消费者注意关注的三大问题。

接着，就围绕这三点，着重讲解如何在保证健康的前提下加入更多的快乐元素，如何把零食中那些不健康的东西去除，如何往零食里加入健康的元素，通过整合这些因素，使零食上升到一个健康的层次（见图 1–32）。

图 1–32

图 1–33

报告的最后，再次通过圣诞老人来呼应主题：“谢谢你们，现在我很快乐、健康，而且充满活力！”（见图 1–33）这样就形成一个前后呼应的完整的故事。

这种拟人的线索，还可以是自己公司

的“品牌代言”。很多公司都有自己的吉祥物、广告语或代言人，做PPT的时候不妨把他们“动员”起来。比如，百事食品有个著名的儿童品牌叫奇多（Cheetos），这个品牌的吉祥物是个充满探险精神的豹子。我超级爱它，收集了一堆它的纪念品。后来我听说，爱吃奇多还是布什和萨达姆唯一的共同爱好。公司里关于这个品牌也有很多广告和网站。我就曾经利用这个豹子做了一个公司内部安全培训的PPT。大家看了都笑翻了，起到了非常好的效果。看看图1–34、图1–35的PPT，你是不是也对枯燥乏味的安全教育有了另一种新的认识呢？

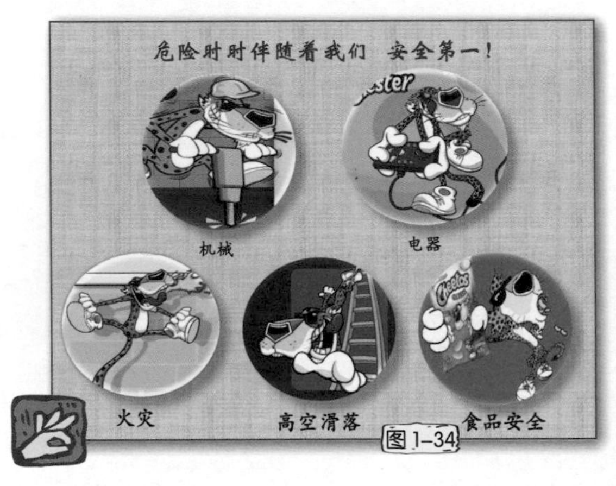

图1–34

图1–35

还有那些脍炙人口的动画形象，从蓝精灵到大闹天宫的孙悟空，从葫芦娃到鼹鼠，甚至如今风靡大街小巷的喜羊羊与灰太狼，刚刚上映的变形金刚，个顶个的都是个性鲜明、深入人心，都可以用作PPT的线索。

读到这里，你一定对PPT刮目相看了，原来故事还可以这样讲！没错，就是这些平时不被人注意的小地方，多动些脑子，就能让你的PPT一鸣惊人。从题目到句型，从总分总结构到创意线索，有了这些基本的要素，再也不怕PPT干巴巴、听众会睡大觉了。

有些人会有这样的顾虑："咱是白领呀，讲究的是个范儿，这样花里胡哨的，多不professional呀！"大可不必有这种担心。professional不是由外向内拿着那股劲，而是由内到外体现出来的。具体一点说，就是能够让听众尤其是老板能够体会到你用心了、动脑子了、花心思了。同时，他希望看到你很enjoy这份工作，带领整个团队快乐地工作。

我在美国读书的时候，导师是个极其古板又古怪的犹太人。开始，我在PPT里加个笑脸他都要批评我不professional。但后来，他深深地被我的快乐感染了，板着的脸上露出蒙娜丽莎似的微笑，并支持我参加了presentation比赛。嘴上不说什么，但70多岁的他周末会跑到学校陪我排练，从行动上支持我。当我用自己的风格摘得比赛

的大奖时，他走起路来都比以前更加挺胸抬头，好像长高了两公分似的，逢人便说我是他的学生。所以，快乐和幽默是大家都不排斥的，听众痛恨的是没有内容绣花枕头似的 PPT。只要我们有了充实的内容，活泼新颖的形式只会是锦上添花。何况本来工作就是件辛苦的差事，让它多一些快乐的元素，自己不也会干起来更开心吗？

享受你的工作，让周围的人和你一起快乐吧! Work for the fun of it!

第二章

让你的模板与众不同

第一节 模板里的小细节与大学问

第一章里，我们转变了对PPT的看法，学会用PPT讲一个生动的故事。在第二章，我们来看看模板强大的威力，把前面已经构思好的故事变成看得见摸得着的东西。

一、页面布局，功能来分类

PPT的一个模板分为几部分。首先是一个页面布局，就是标题、内容等文本框在一页中所占的位置，就像图书里的版式。第二是背景。背景可以是图片，也可以是大块的颜色或者图形的组合。第三，模板也包括一些细节，比如字体、字号、配色，等等。大家关注比较多的是第二部分，就是背景，以为背景好看了，PPT就一鸣惊人了。其实，上一章我们讲得已经很清楚了，PPT要通过故事（内容）一鸣惊人。因此，在这一章里，我不会在背景上用太多的笔墨，网上或者其他书中对这个讲得比较多了，也有很多可供下载的PPT背景。所以，我们在这一节，特别强调第一条，即页面布局的设计。

Office 2003的PPT软件默认的页面布局就只有简单的两页：标题页和内容页。到了Office 2007版，布局的类型就复杂多了，页面布局一大串。从功能上分为五种：首页、概述页、章节页、内容页和结束页。它们之间的关系就好比一个青春组合的演出服，风格一致，但每个人的衣服各不相同。具体来讲，无论它们是什么功能，字体、字号、底色等基本的设计风格应该一致；但从功能上考虑，为了从结构上划出节奏，还要有所区别，能够清楚区分章节的首页、内容页与目录页。

图 2-1

首页的主要功能是显示题目和作者。让听众明白要讲什么，谁来讲（见图 2-1）。

图 2-2

概述页是希望听众在正式内容前有一个全局观（见图 2-2）。

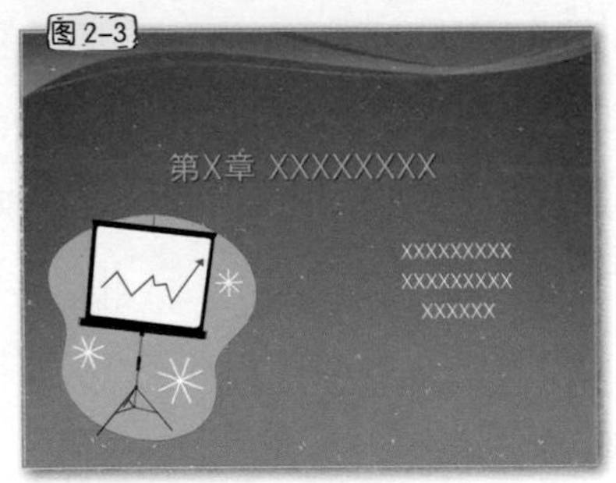

图 2-3

篇幅比较长的 PPT 中间要加一些过渡的章节页，引导听众到下一部分的内容（见图 2-3）。

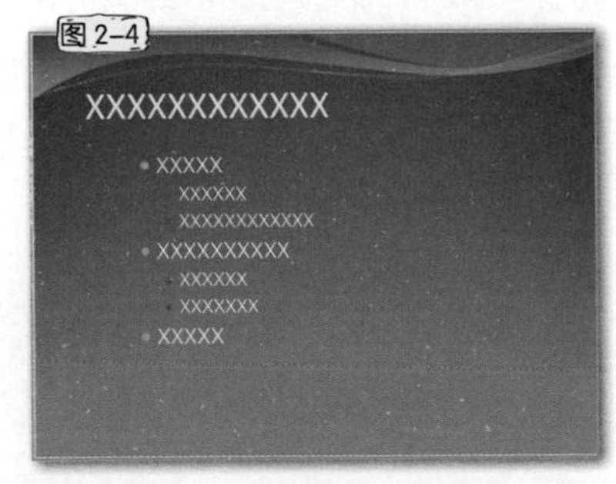

图 2-4

内容页要多使用简单完整句，表达明确的观点和听众最关心的内容（见图 2-4）。

图 2-5

最后，千万别忘了感谢你的听众，我们一般把这部分内容放到结束页中（见图 2-5）。

设计 PPT 模板时，就要考虑到这几种版式的特征。先把它们的布局固定下来，然后在整个 PPT 里进行到底，以保证一致性。

别小看这个布局设计，里面有好多需要注意的细节，也蕴含着一些大学问。在设计这 5 种版式时，要尤其注意它们分别包含哪些要点，有哪些注意事项。

1 首页尽显个人修养

首页是 PPT 给别人的第一印象。不要以为只要在首页把雷人的标题放上去就 OK 了，那只是最基本的要求。首页要体现出制作者以及制作团队的精神面貌。老外经常讲：There is no 2nd chance to make first impression.（没有第二次机会给别人第一印象。）PPT 的首页是张嘴讲话前给人的第一印象。PPT 软件默认的标准首页的页面布局里包含的内容太有限了，基本上只有主标题和副标题，这样的信息量远远不够。

首页布局还需要哪些信息呢？咱不是老说要 professional 吗？这种专业精神，就是通过这些细节体现出来的。一个 professional 的首页，起码要包括下面的细节（见图 2-6）：

(1) 大标题抓住听众眼球

大标题要生动活泼，并且能贴切体现出内容的要点以及背后的精神。

(2) 副标题说明具体内容

副标题力求清楚明确，明明白白告诉听众你要讲什么。

(3) 一系列人名彰显团队精神

千万别小看这个细节，这是PPT团结群众的法宝。一个简单的PPT署名就能看出你是不是一个team player（有团队精神的人）。首页的署名，要包括以下几方面的内容。

①工作是谁做的。

②PPT是谁写的。

③最后的口头陈述是谁做的。

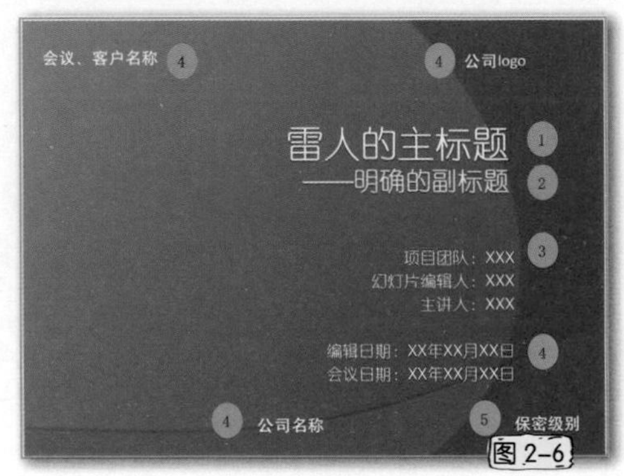

图 2-6

这就好比一本书，这本书有作者（作者要细分第一作者、第二作者等）、编辑和出版社。他们的分工是不一样的，得到的荣誉和需要承担的责任也是不一样的。在英文版里，有的还经常把作者的名字印得比书名还大，因为作者本身就是一个品牌。

此外，署名时，还需要区分承担项目责任轻重，甚至具体到谁是项目经理，谁是核心成员，谁是辅助成员，等等。但无论如何细分，首页的署名都要把他们标明，因为，他们才应该是这个PPT的主角。如果不写清楚这一条，所有的工作都可能会归于演讲者。演讲者是很重要，但一个项目的成败，其他团队成员的作用也不可忽视。说白了，就是戴红花和打板子的时候都要找对人。我的个人习惯是在核心部位写明项目参与人的名字，而把制作者和讲解者的名字作为编辑和联系人写在首页的一个角上。咱多低调！

看似简单的署名，决定了你的RP（人品）值。要想在公司混得好，这点就要千万注意。美国的真人秀《飞黄腾达》里经常会出现这样的场面：一个组齐心协力、历尽千辛万苦完成了一个项目，由项目经理来向赞助商汇报。这个项目经理一直在哇啦哇啦地强调他自己做了什么，一点都没有提组员的贡献，把功劳全部归自己所有。可想而知，站在她/他身后的组员们如何对这个经理。电视节目中，组员们的态度表现得非常明显——笑脸都是咬牙挤出来的，嘴撇得跟“八万”似的。别以为这事就这么过去了，以后，一旦项目出现问题，大家就会齐心合力把矛头指向这位项目经理。

现在职场人，在公司里一起工作的时间要比真人秀栏目长得多，可能是几年甚至是十几年，更要注意人际关系，更要搞好团队。这一点是在职场立足的一个基础。一位成功的企业家说过，当我们取得成功的时候，如果你把荣誉一部分分给上司，一部分分给赞助商，一部分分给下属和同事，你会发现，你分出去的越多，你得到的回报就会越多。靠单打独斗不可能有多大的成就，只有通过团队的协同效应，才能有所突破。团队精神不仅靠嘴上说，还要把它融到血液里、付诸行动中。

(4) 及时修改日期和添加公司标志，表达对听众的尊重

人都渴望被重视，心理学家指出，有些淘气的孩子就是因为觉得家长不够关注他，非要惹点事让别人意识到他的存在。PPT 也是个互动的平台，要让听众时时刻刻感受到你的重视，让他们不好意思睡觉！

怎么体现出我们的重视呢？首先，你要让他们感到你的 PPT 是为他们量身定做的。这样，他们就会感到你的重视，体谅你的辛苦，拉近彼此的距离。就像我有时加班不能回家吃饭了，老妈会说："看，我特意给你做了你最爱吃的红烧肉。"一听这话，我的内疚系数就会涨 N 倍，抓紧时间把工作干完，哪怕已经垫了个汉堡，也要回家装出吃得很香的样子，把红烧肉一扫而光。虽然，很多时候，红烧肉不是给我一个人做的，是给一家人做的。但老妈的这种心理战术，收效非常好。

PPT有时也不可能做到为客户量身定做，常常会拿着相同的PPT报告去忽悠不同的客户，但两个小细节会帮助你达到量身定做的效果：修改日期和添加公司标志。

日期是一个经常被大家忽视的问题。但是，哪怕再忙，也要把日期修改成演讲的日期，不能让听众觉得这是些老掉牙的东西。说到公司标志，一般大家都会记得加上自己公司的标志，但如果合适，加上一个客户公司的标志，而且做得大一些，显眼一些，不就更能体现出对客户的尊重吗？

更重要的是，公司的标志还能保护知识产权。国内职场人知识产权的观念比较淡薄，很多人认为"偷书不算偷，抄书不算窃"，大家你抄我的，我抄你的，非常混乱。越是这样，越要养成一个好的自我保护的习惯，不要出了问题，再打官司。

(5) 添加保密级别保护商业机密

保护知识产权，严守商业机密，除了要加上公司的标志以外，还要添加保密级别。也就是说，如果这个PPT是保密的，一定要加注，以避免不必要的法律纠纷。

如果给外部客户散发一些必要的含有保密内容的材料，如测试方法等，除了添加保密说明外，还可以考虑以下几种方法：

①把PPT转化为不可更改的pdf等格式。

②删去核心机密的关键细节。

③加签保密协议。

当然，以上方法也是防君子不防小人。以诚待人，建立彼此的尊重和信任才是最重要的。英文单词尊重 respect 是由两个词根组成的：re- 重复，spect- 看。赢得了对方的尊重，别人就愿意再次面对你，再看（re-spect）你。所以，尊重是在彼此交往的回合（re-）中产生的。尊重自己公司和对方公司的商业机密是最起码的职业道德。

职场感悟

恪守商业秘密，是一种职业道德。最好的办法就是尽量不去涉及这些机密。如果你的 PPT 内容是保密的，就不要四处散发，只发给那些必须知道的人，而且必须明确告诉对方，里面的内容是公司的机密，如要转发请先征得书面同意。这样就订了一个规矩，一旦发生商业机密泄露事件，容易分清责任。对跟自己工作不相干的机密文件，就是摆在你面前也不要去看。

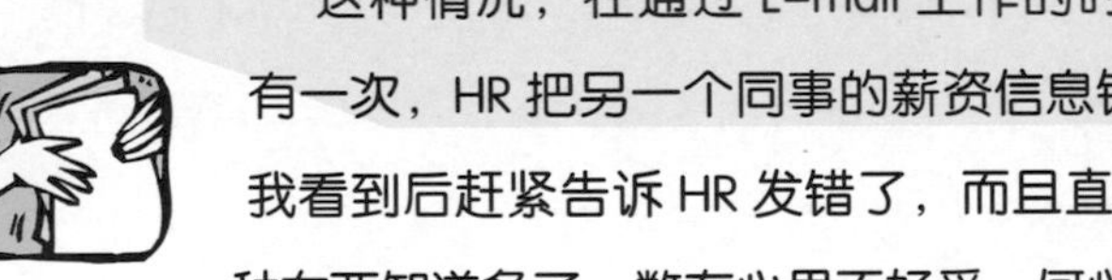

这种情况，在通过 E-mail 工作的时候，更容易发生。有一次，HR 把另一个同事的薪资信息错发到了我的信箱。我看到后赶紧告诉 HR 发错了，而且直接删了这封信。这种东西知道多了，憋在心里不好受，何必自找烦恼呢？

恪守商业秘密，是一种职业道德
文件在复制

这些细节看似简单、形式化，但是，正是这些容易被忽视的小细节，体现出了PPT制作者的professional精神。讲尊重，讲敬业，讲来讲去都是两个字：用心。我们通过一个例子来看看怎么用心，才能让首页一炮打响。

对照前面的要点，检查这个标题为《Hot On The Tracks》的PPT（见图2-7），就会发现它麻雀虽小五脏俱全。我们重点分析一下它的署名。结合列车这一概念，我用列车长、乘务员、维修保障团队来体现项目经理、主要项目参与者和所有的支持辅助团队。同时，在PPT的另一角，我的名字以编辑和联系人的形式出现，告诉听众有问题跟谁联系、如何联系。这样做，也显得很低调。

图2-7

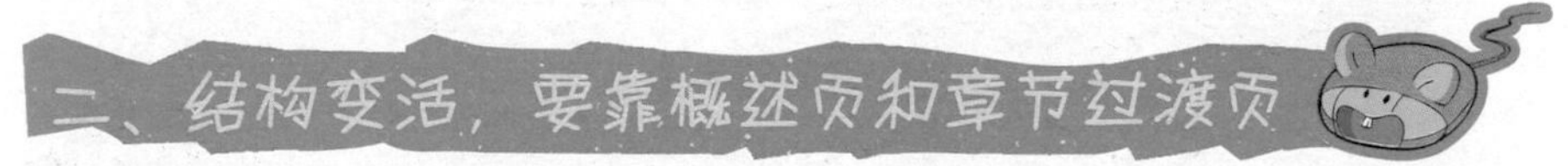

二、结构变活，要靠概述页和章节过渡页

首页翻过去，就是概述页，用以简单介绍全篇PPT的内容。比较长的PPT里，章和章之间还会有过渡页。这两种页面布局的要点相对简单，主要包括以下要素：

1 目录页标题或章节页标题

这种页面的标题要用最简炼的话概括内容，提示听众进入下一部分。

2 内容简介

用简单完整句把整个PPT或者一章的各个分观点说清楚。如果在概述页中只提到了内容而没有说明观点，那么在章节过渡页要弥补这一缺憾。

3 进程指示标志

好多人把概述页和章节过渡页搭配在一起用。先做个目录页，然后每到新的一章，就把目录页再显示一下，同时用动画或者方框把要讲的下一章突出出来。这种做法很好，但方法不止这一种，下面，我们会着重讨论怎样灵活地把这两种版式结合起来。

4 时间分配

会议和工作坊用的PPT中，在内容的后面告诉听众每一部分安排的时间（见图2-8），不仅非常常用，而且非常有效。

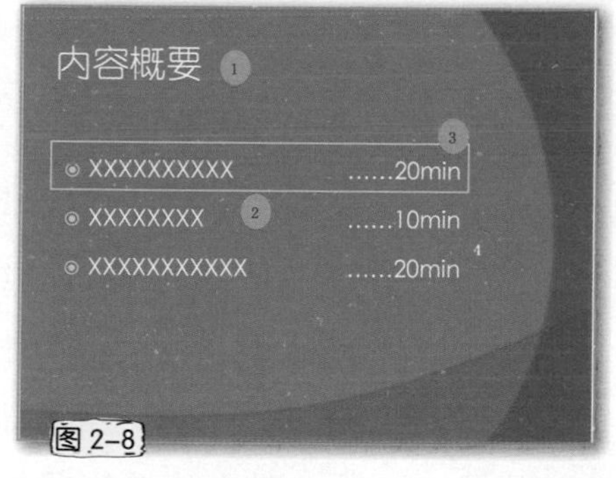

图2-8

四个要素中，最能够出彩的地方就是活用进程指示标志。它的目的是让听众跟着你的思路走。这当然不能生拉硬拽，要

用非常巧妙的办法，就像动画片《曹冲称象》里那样，拿个香蕉勾引着大象走。通过进程指示标志可以有效地把概述页和章节过渡页的版式结合起来，可以让听众更轻松理解你的 PPT 的结构，达到事半功倍的效果。

这个“香蕉”可以是能够体现 PPT 整体性和生动性的一些元素，比如颜色或图片，通过它们在保持整体性的基础上的生动变化，把概述页和章节页有机结合。

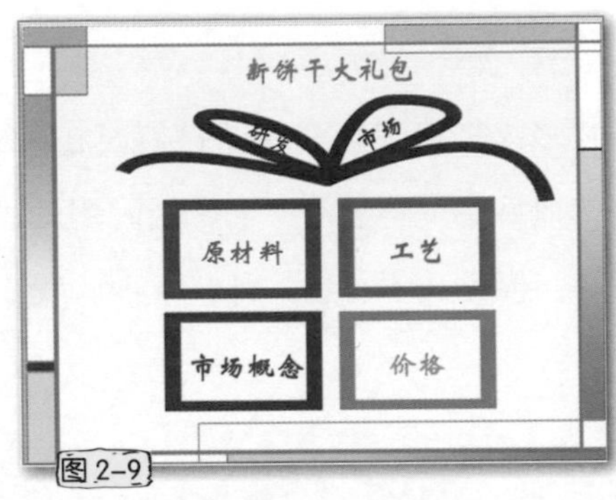

图 2-9

比如，图 2-9 是一个总结性的报告，我把它用“献礼”的方式呈现出来，用一个礼品包装作为线索，把报告的内容和结构涵盖进去，一目了然。从这个礼包中，我们可以看到，这个项目是研发和市场部合作完成的，项目里涉及到了 4 个方面的内容：原材料、工艺、市场概念和价格。接下来的每一章，我都做了一个章节过渡页，其色调和概述页中相应的格子是一样的。比如，原材料这一章的色调就是红色，而且这个色调一直保持到过渡页之后的整章里(见图 2-10)。

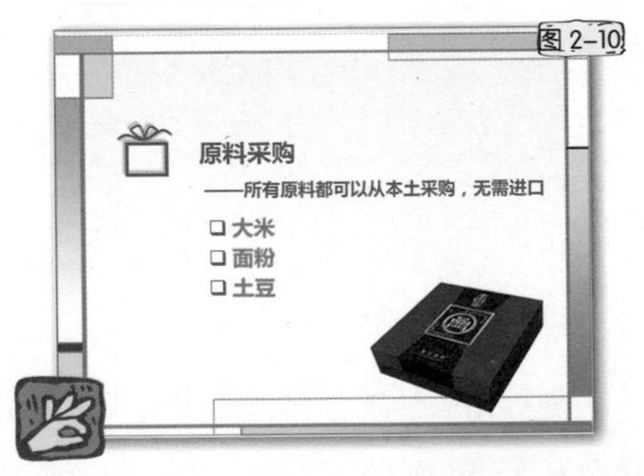

图 2-10

下一章，过渡到下一个相对应的颜色，工艺是绿色，市场概念是蓝色，价格是橙色。同时，概述页里表述得过于简单，为了弥补这一缺陷，在章节过渡页里我特别注意用简单完整句提出了主要观点并细化了这一章节的分目录。这种方法叫渐进明晰 (rolling wave)。

最后，我用一个献礼的剪贴画表示工作圆满结束。这个卡通人物的双手分别写着“了解技术”、“了解消费者”(见图 2–11)，概括了我们从项目中学到的东西，并表达了我们的愉快心情！这个模板可以应用在很多总结性报告中。

图 2–11

再来看另外一个长报告。章节页的区分不但用了颜色，还用了有意义的图片，和书籍中的页眉页脚功能相同。

如图 2–12 的 PPT 报告是培训的招标书，采用黄埔军校的概念，分成了 3 个主要部分，分别用 3 种不同颜色的迷彩来代表这 3 个部分。每一章的章节过渡页到内容页，左上角都用同样颜色的迷彩来表示，还加入了很有冲击力的图片，贴切漂亮。

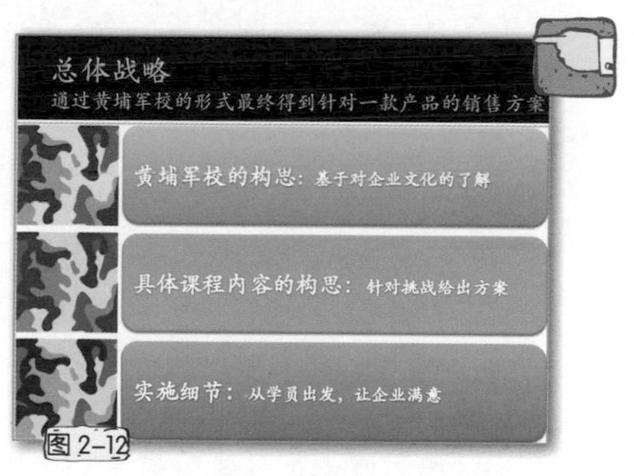

图 2–12

图 2-13

不要小看图片的作用，适当加入图片，不但可以支撑结构、美化 PPT，还可以非常有效地把故事线索揉进去，达到立竿见影的效果。比如，前面讲线索的时候提到的例子《Hot On The Tracks》中，章节过渡页就是一个结合了线索的很好例子。

如图 2-14，用颜色表示列车到站，显示了项目速度，同时用一个文本框说明了“本站”的具体任务。

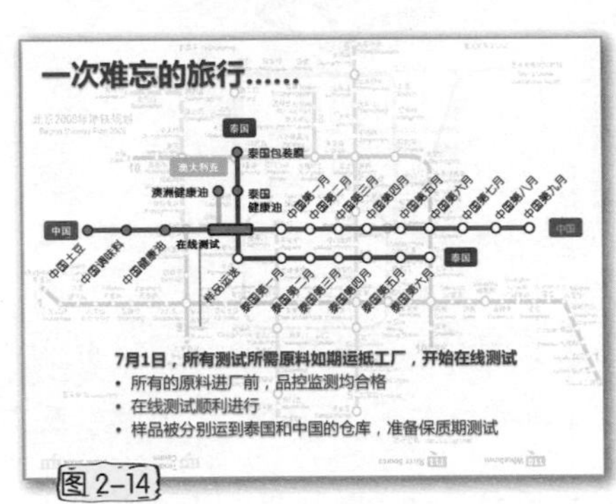

图 2-14

三、让内容页清晰完整

首页、概述页和章节过渡页，构成了 PPT 的框架。接下来要具体添加内容，也就是 PPT 的内容页。制作内容页的关键，要合理布局。

内容页的布局，有以下几个要素（见图 2-15）：

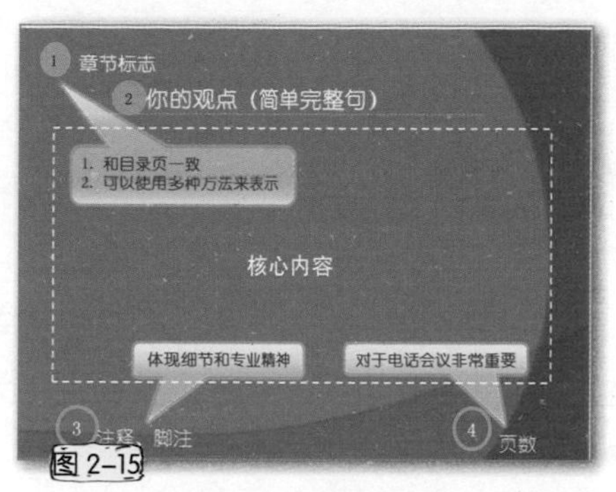

图 2-15

1 章节标志和本页观点

如前所述，内容页的标题要把章节信息和页标题结合起来。但是，内容页的标题本身不能占据很大的空间，否则，会减少书写具体内容的页面，头重脚轻。如何体现出章节标志又能解决本页观点呢？

（1）缩小标题的字号

幻灯片模版里通常默认的页标题字号为 40 号以上。网上有人鼓吹，标题的大小有一个铁律，即都要在 36 号以上。但是，这样的字号一行写不下几个字，很不实用。在实际应用中，20～28 号的字体足够大，既能让听众看清楚，又可以在有限的空间里写下简单完整句的主副标题。当然，不能绝对化，建议提前检查会场条件，因地制宜调整字号。也可以把 PPT 打印好，发给听众。不太建议第二种做法，因为这样极容易让听众都低着头看材料，没有人抬头看你，气氛很沉闷，材料最好会后再发。

（2）用图片代表主标题

如果你还是不放心把标题缩小字号，可以仿照前面讲的，用图片来表述章节信息。这样不但可以大大提高空间利用率，

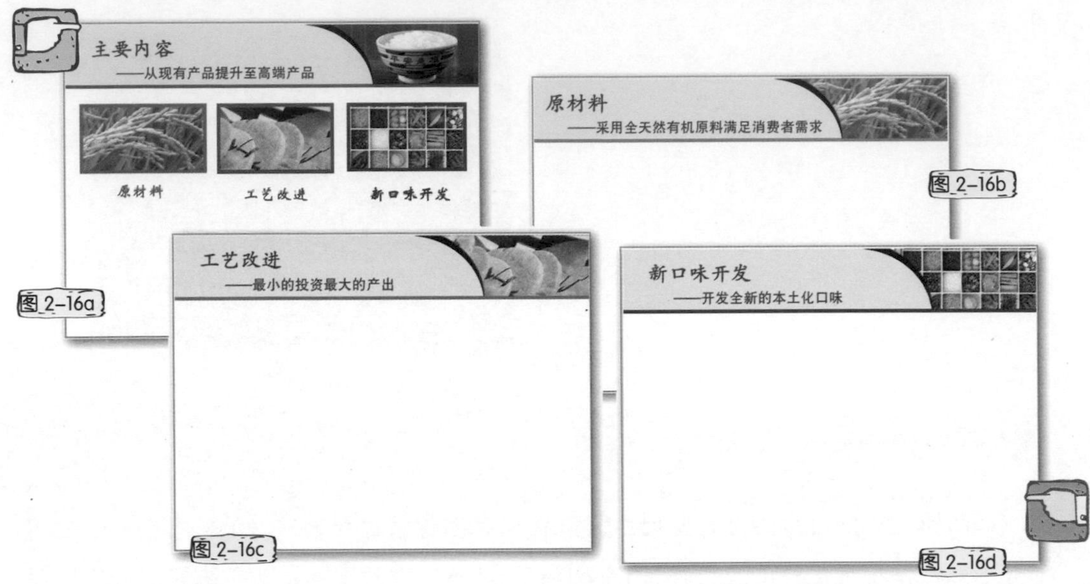

图 2-16a
图 2-16b
图 2-16c
图 2-16d

还让 PPT 更生动。如图 2-16 这个例子，分别用三个漂亮的图片来代表三个主要内容：原料、工艺和调味料。

这是一个相对简短的报告，没有单独的章节过渡页，只是保持各个部分主标题和图片的一致，标志着页标题内容的改变。利用图片的变化，自然过渡到下一个章节的内容，克服了短报告没有章节过渡页很难让听众把握结构和进度的缺陷。

有章节过渡页的 PPT，在同一章每一页里，也可以利用章节的标志色或者图片来统一结构。这样，哪怕每页的内容和表达方式千差万别，也不影响听众的思路。

2 核心内容

核心内容的书写，同样也有两条特别重要的原则。

(1) 观点一定要单一

每一页只说一个观点，并且信息量适中。千万别把一些关系不

大的东西“乱炖”在一起，让人觉得东一榔头西一棒槌。如果信息太多，就尽量拆开，分成几页说明白。比如，一个研究房地产的报告，解读的是大家都关心的楼市，可以从几个角度来说明楼市的走势。

第一页：成交价格与去年同期相比增长了N%；

第二页：成交量的变化趋势；

第三页：地价的激烈竞争；

第四页：建材市场的价格波动。

页数没有限制，直到把每个观点用充足的数据讲明白。

(2) 各个要素一定要一致

这种一致性包括：①字体、字号、颜色的一致。②页边距一致。③提示符一致。④语言风格一致。

一致才会和谐，不至于给人东拼西凑的感觉。

3 注释

PPT的内容，如果引用了别人的观点或者工作，特别是正式的报告，一定要注明出处等信息。一来表示咱对原作者的尊敬，二来有据可查，避免了抄袭他人的嫌疑。这样的细节要特别重视。

4 页码

一般情况下，页码可加可不加。但是，特别提示一下，用于电话会议的PPT一定要加页码。因为无论科技多么突飞猛进，电话会议的效果都没法与面对面交流相比。我相信每个参加过电话会议的人都经常要体会那种扯着脖子喊，又喊不明白的尴尬。

跨国公司的电话会议往往是效率最低的一种交流方式。随着噪音，电话里从世界各地传来各种结结巴巴的中国人不懂外国人不明白的英语，那叫一个着急上火。有一次，我们公司一个地区需要另一个国家帮助寄50箱样品做测试。因为电话会议上对方没听清楚，把50（fifty）听成了15（fifteen），只寄了15箱来。

最好的办法，是在电话会议之前，做个PPT，把要讨论的内容和要点写清楚。电话会议里，结合写下来的内容讨论，可以大大提高效率。加入页码，就可以在电话会议里，说："请大家看××页"，从而使大家步调一致，就是英文中所讲的"Keep everybody on the same page"（保持大家在同一页上）。

组织电话会议时，还要防止跑题。我通常的做法是，先集中精力把内容讲一遍，让大家把自己的问题和页数都记下来。讲完后，再把PPT翻到最前面，从第一页开始问大家都有什么问题，一页一页地过。这样可以很好地防止中间跑题，或者就中间某一个问题纠缠不清而耽误整个会议的进度。

注意了上面讲的这些细节以后，你的内容页设计不但完整，而且实用。

行百里者半九十，内容设计好了，还不算完，还要有一个完美的结束，给人留一个好印象，结束页也要设计一下。这个结束页，严格来说，并不是前面说的总分总的第二个总，这个总是PPT的内容部分，而不是PPT的结尾。PPT的结束页，重要的是要做两件大事：

1 感谢支持者

很多人并没和我们一起战斗在项目的第一线，但没有他们，项目还真不能这么顺风顺水。这些人可能是专家顾问、上层领导、后勤保障人员，或者她（他）就是成功男人背后那个贤妻、女强人背后的"灰太狼"。他们的名字虽然不适合出现在首页的项目参与者中，但我们并不能忘记他们，在PPT的最后要对他们一一表示感谢。感恩促进和谐，这次你记得他们了，下次他们还会热情地来做你的亲友团。

2 感谢观众参与并引导观众提问

这是礼貌问题，讲解结束时，你要说："谢谢，请问大家有什么问题？"英语是：Thanks for your time，any question？这样说有些例行公事，给人的印象也不够深。我常用的办法是玩个幽默。

幽默是一种生活态度。图2-17是我从Office 97就常用的一个图。这个啰里啰嗦的人和我这个自信满满的美女在台上形成了鲜明对比，往往能达到不错的效果，在欢快的笑声中结束这次报告。

细节决定成败，上面所讲的这些细节不仅仅是技术，更多的是一种态度，一种对别人的尊重、感恩，对工作的热情和热爱。希望它们能够成为你的温馨小贴士，帮你赢得团队的支持。

图2-17

第二节 省心型模板简单不“撞衫”

为了更加充分地体现出这些细节的力量，需要重新审视一下那些模板设计。有时候，给它们动个美容手术，就能增色不少！我这个非专业模板设计师会告诉你，怎么通过一些小的变化让模板更好用。第一节中，我们讲的是模板的第一部分，页面布局。这一节，我们来说说模板的第二部分：背景。

一、给现成模板做个整容小手术

对于大多数PPT，使用者没有必要在背景的美化上花太多精力，我更主张采用拿来主义，直接从网上找一些好看的模板来用。网络上，这样的资源很多，比如PPT本身带了很多漂亮的模板，还有一些专门提供下载的网站。比如，http://office.microsoft.com/zh-cn/templates/CT101172622052.aspx 就是一个不错的网站 。

使用这些模板时，可要多个心眼，只有懒人才把模板拿来就用，而聪明人却追求为我所用。

我们强调所有技巧都是为内容服务的，背景设计也是一样。技巧都是为内容服务的，作为背景，我认为它有三大功能：分割页面布局、烘托内容主题和展现作者个性。

从分割页面布局来讲，现在的PPT背景设计有个共同的缺陷，比例不太合适。如果把模板比作一个人，人头和身体的比例，通常是1∶6。基本上，模板上默认的PPT标题部分，占到了肩膀的位置，好像大头娃娃。加上特大的标题字号，一行写不下30个字母，就更别提完整的句子了。标题挤占了本可以用来写更多内容的空间，缩小了PPT内容的含量。所以，要给默认的模板做一个整容手术。

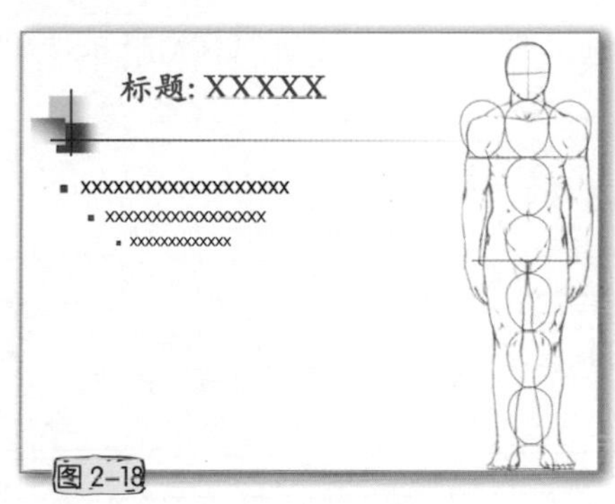

图2-18

手术内容有两项，很简单，一分钟就可以搞定。

(1) 调整头和身体的比例，把标题所占的地方缩小到整个版面的1/7。

(2) 缩小标题的字号，用24～32字号。

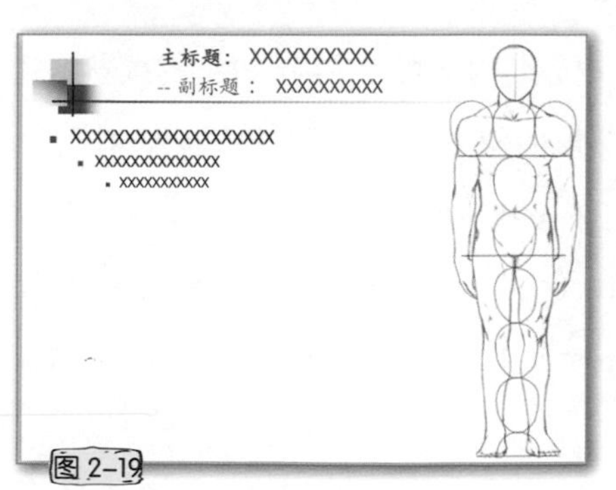

图2-19

标题和内容的高度比例从 1∶5 变为 1∶6，可以用来写内容的面积一下子增加了不少。缩小字号，增加了相应的标题和内容的信息量。这就叫一举两得！

这个整容手术，最好在开始写幻灯片的时候就做，不要事后调整。因为一旦内容固定后，再调整页面就会很麻烦。磨刀不误砍柴工，用 1 分钟的投入，换来一个非常实用的模板。有的人对此有些疑问，比如，我在北师大讲这部分时，有个同学质疑，这样调整，让那些信息量不大的页面显得很空。这个问题怎么解决呢？做 PPT，怕的不是空，而是挤。如果你觉得有些空，添加一幅呼应内容的图画就好了。

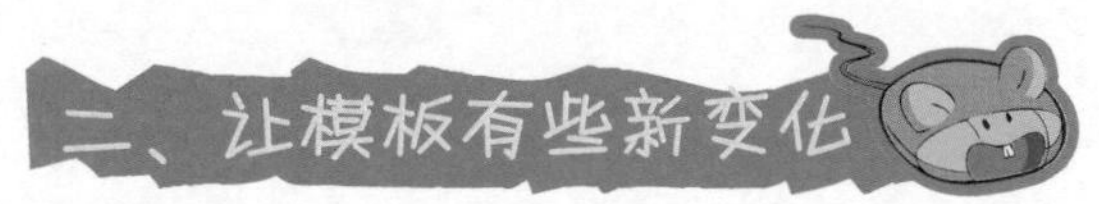

二、让模板有些新变化

布局分割合理之后，如何让模板烘托主题、展现个性？要让自己的模板与众不同，最直接的方法，就是自己设计模板。虽然，我们一时做不出那么专业的背景，但只要做了下面几件小事，保证你的 PPT 模板不和别人“撞衫”。

先来解剖一下模板，看看他们都是由什么元素构成的。拆分 PPT 的模板，其实所有的模板无外乎两种：第一类是几何图形的组合。大多数的模板基本上都是这种类型，就是把不同的几何形状配以不同的色彩梯度，组合在一起。几何图形组合式模板的优势在于简单朴素，美观大方，配色容易，一个模板可以适用于多种场合。下面这个标准模板就可以分解成几个不同颜色的三角形。

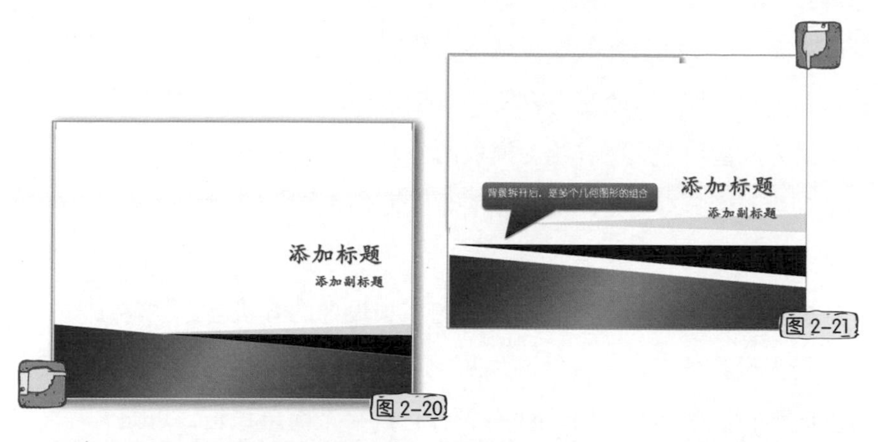

图 2-20

图 2-21

对于这种几何组合型模板，我们可以通过简单的变化把它改造成自己的个性化模板。07 版 PowerPoint 有两个改造的途径，一个是“点到为止”，即在选择模板时，通过鼠标点击主题显示框边上的颜色和字体的选择项按键来改变配色和字体。下面的例子，就很轻松地改变了模板的颜色和字体。另外一种办法就是“连拖带拽”，即先从视图进到母板模式，把这些背景图形还原成独立的图形，然后，就可以把它们拖拽到任何想要的地方。下面这个例子里，我们把装饰框拖下来，变成了标题和内容的分割栏。通过这种方法，你完全可以把一个现成的模板改成更有利于你信息的表达的形式。

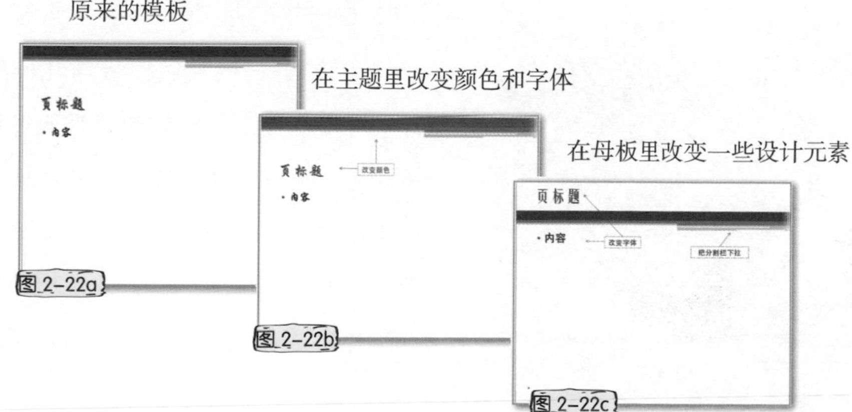

图 2-22a

图 2-22b

图 2-22c

经过这些简单的变化，你的模板就不会和别人“撞衫”了。它会更符合你的要求和书写习惯，更改起来方便，用起来便捷，让你的 PPT 与众不同。这种方法尤其适用于那些有统一模板的公司，稍微做些改动，既不会在相同 PPT 的模板中显得突兀，又能够显得与众不同，惹人注意。

这样的拆分和组装练习，也是一个学习模板设计的好机会。“零距离”体会别人设计的模板，会帮助你从中找到灵感，设计出一个真正属于自己的模板。图 2-23 是我用1 分钟设计的一个简单模板，里面只用了非常简单的线条，就具备了模板所需要的所有功能。

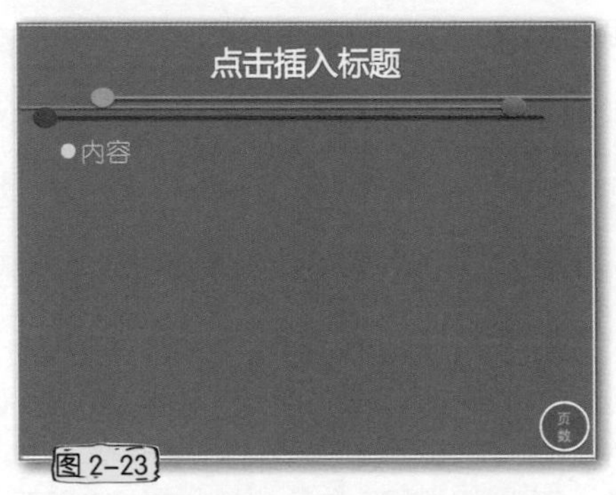

图 2-23

图 2-24

第二类，照片做模板。几何组合型背景有很多优点，但它却很难通过模板烘托主题，也不能体现出作者的风格，所以越来越多的人开始采用图片来做模板背景，以增加 PPT 的质感，体现出个性。图 2-24 中的模板就采用了图片为模板背景。

图片背景设计起来更简单。最简单的方法就是在底色上加一个符合主题的图片或者照片来平铺背景。图 2–25 就是用白底加一个图片做背景的，图 2–25 是整个图片平铺。

图 2–25

用图片来做背景虽然不难，也很漂亮，但要注意提防不要掉进下面两个陷阱：

1 把图片做成水印作为背景

这种方法常常费力不讨好，投影仪显示器显示的内容与你的预期会有很大差别。在电脑上看，觉得很漂亮，一放投影，你就会发现，水印图片给你带来了多少的麻烦——并不是哪个公司都让你敞开了随便彩色打印，也不是哪个投影仪的色彩都调整得很好，所以，投影或者打印时，图片效果并不能保证。带有水印背景的 PPT 用投影仪往银幕上一打，要么啥背景也看不见，跟白布一样，要么就是乱得像蜘蛛网，掩盖了核心内容。如果用黑白打印机一打，更是乱糟糟一片。为了安全起见，还是老老实实用简单颜色比较好。

2 很炫的模板作为背景

如果选择的模板很炫，甚至还带有“天外来仙”一类的动画，那可就大错特错了。听众的注意力会被这类背景吸引，从而分散了对内容的关注。如果现成的模板里有动画，也要把动画删了。如果自己设计模板，千万别往那边想。模版不能喧宾夺主，始终是衬托红花的绿叶，简洁实用是最关键的原则。

总之，一个好模板要能很好地为结构服务，还能展现出作者的个性。图 2–26，是我代表学校参加 presentation 比赛时用的模板。虽然现在看上去有些土，但是它充分体现了设计模板要注意的所有原则，帮助我赢得了比赛的胜利。

首先. 从结构上说，这个模板有章节名称、页标题、页号、会议名称，功能齐全；其次，从个性上讲，设计采用了学校的主题色——黄褐色为主色调，配以学校的吉祥物大黄蜂为设计元素，在一个全国性比赛中，充分体现了我是代表学校来参加比赛的。演讲时，我还特意配了一个大黄蜂的吉祥物胸针和耳钉，和 PPT 相得益彰，突出了学校的标志。

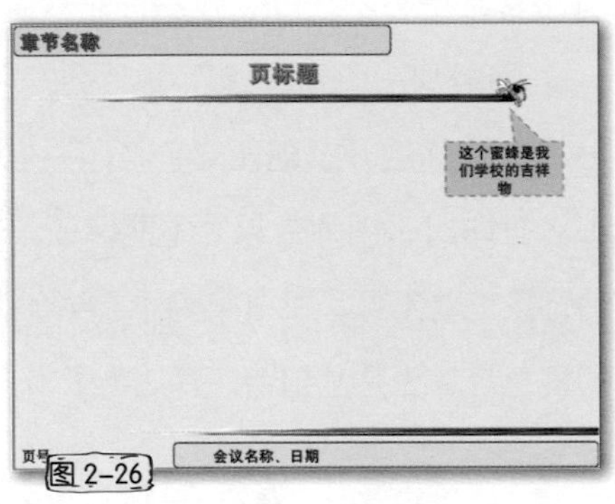

图 2–26

5 年后的今天，我设计出很多比这个更漂亮的模板背景，不过我还是把这个老作品原原本本展示给大家，就是希望大家能意识到：第一，设计模板并不难，并不是专业设计人员的专利；第二，一个自己设计的模板能够更好地为我所用；第三，高明的PPT作者是在无数“很土”的PPT基础上锻炼成长起来的。如果有一天你发现你从前的作品有很多不足，说明你的水平在不断提高。

在这种不断的创作—否定—再创作的过程中，我们的设计水平会慢慢成长，设计思路会大大拓宽。

颠覆型模板制造轰动

我不是一个墨守成规的人，脑子闲不住，总在胡思乱想。从不满足小的改良，更喜欢一鸣惊人的感觉。模板也要颠覆传统！下面是我最得意的作品——《Goodle》，和我一起分享一下它的诞生过程吧！

1 项目背景

在百事时，我建议老板做一个燕麦面条的项目。这并不是一件容易的事。提起燕麦，人们首先想到的就是燕麦片。很多中国人都不喜欢燕麦粥的味道，但为了健康，有人也捏着鼻子去喝。百事拥有全球最大的燕麦品牌——桂格，把燕麦做成面条的话，符合中国老百姓的饮食习惯和口味，应该能够打开中国市场。所以，我主动请缨，向公司提议是否能够利用桂格品牌的平台做这样一个燕麦面条产品。

项目的主要工作就是要“搜寻”相关的设备、原料和合作厂家。第一步，是要能够立项。我要绞尽脑汁让大老板们意识到项目的重要性、可行性，从而获得他们的支持。

2 超级雷人的标题

这个报告，我没有用“老一套”的题目，诸如“燕麦面条项目的可行性报告”等，因为这样的题目太没有魅力了，根本“勾引”不到老板的眼球。如前所述，要想把项目的点子卖出去，首先就要从题目入手吸引领导的眼球。

按照我们前面讲的方法，首先找出这个项目里的几个客观关键词：燕麦、面条、搜寻，好像很难找到一个好的故事把它们穿起来。我也尝试了Google法去找题目，也没有找到特别满意的题目。

有一次，我用Google的时候，忽然意识到，Goodle可以理解为Google Oat Noodle（搜寻燕麦面条）的缩写。更美妙的是，Google的中文名字是“谷歌”，和煮面条的声音“咕嘟”相似。所以，我把标题改成了“谷嘟”，其中“谷”字代表了燕麦，表明这是一种健康粗粮，而“谷嘟”很容易让人想到煮面条水开锅“咕嘟咕嘟”的声音。这样，Goodle和“谷嘟”，中英文对照，主客观的内容完美结合。看上去是一个妙手偶得之的名字，但总结一下，在这个标题的构思过程中，运用了好几种手法：

(1) 谐音双关：音形与大众熟悉的东西类似，Google — Goodle；谷歌——谷嘟。

(2) 意义双关：表达出了主题背后的隐深意义，Goodle — Good Noodle，意为健康。

(3) 缩写变换： Goodle = Google + Oat + Noodle。

好点子有了，如何实现它呢？

3 “黑掉”Google——整一个陌生而熟悉的模板

仔细观察一下，Google还有什么东西可以“偷”。我发现Google的网页排版，可以当作模板来使用。它的构图大家都很熟悉，虽然会有悖于传统的PPT构图，但是符合大家的阅读习惯。

所以，我把 Google 的网页“黑掉”，利用 Google 网页设计的形式作为模板的基本框架。

图 2-27

制作方法也很简单。先把 Google 屏幕截图，把 Google 的页面切了下来，保留了它的框架，但给所有细节都做了大手术。

首先，我把所有的 Google 都改成了 Goodle。为了说明故事的主题，把“燕麦面条”这个故事的主题放在了搜寻的对话框里，巧妙地把副标题体现出来，主标题吸引眼球，副标题说明主题。在页面的左上角，把原来 Google 用来显示常用功能的快捷键，改造成整个项目包含的内容：Product（产品）、Process（流程）、Equipment（设备）、Cost（造价）、Capacity（产量），等等。页面的下方，是项目的主要内容：About Goodle（关于谷嘟）、Current Oat Noodle（燕麦面条的现状）、Business Solution（商业解决方案）、Go to Goodle China（“谷嘟”在中国）等。

这两个部分结合在一起，构成了报告的内容简介，让听众对演讲的内容有一个初步的了解，进而产生倾听报告的期待。同时，在这个首页上，不光如此，还有两个地方巧妙地提到了

公司和品牌的名称。分别是 2008 PepsiCo International 和 Quaker's （桂格） feeling very lucky.

整个首页看上去是不是很酷呀？其实，制作起来非常简单，只用了 Windows 自带的画图并结合了 Office 的一些艺术字体而已。还是那句话，电脑的部分容易，难的是人脑思考的部分。

这样一个生动、有趣、自然、和谐的首页，把所有要表达的信息都有机地整合在一起，同时又运用了一个非常新颖的方式给人以视觉的冲击和感情上的联系。

很多听众告诉我，他们看到这页的时候，都有一种冲动想要去点上面看似链接的图标，去看看后面的内容。不必再用别的办法来调动听众的情绪，他们自己就已经跃跃欲试了！

模板定下来了，下文的篇章页、内容页等都借用了 Google 网页的风格。比如“关于 Goodle”这一内容页，风格与 Google 中关于 Google 的页面完全一致，只是把内容改成了“Goodle”的内容。每一项内容，都有搜索用的链接，用来点明主题，再用 Google 的排版形式列出简要的内容。可不要小看右上角这句话，“Results 1 to 3 of 7”，是 Google 中表示总共搜索到了 7 个相关的内容，特别挑出了 3 个有代表性的加以具体说明，这个小细节体现出了专业精神。

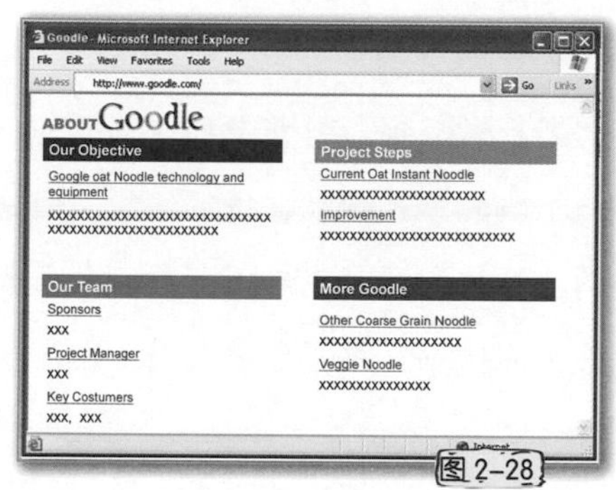

图2-28

对于没有美术功底的制作者，这样的模仿事半功倍，不仅大大减少了设计的工作量，提高了设计的质量，还给观众非常亲切有趣的印象。虽然它与传统的PPT表达方式好像不太一样，但是因为听众对被模仿的事物非常熟悉，很容易理解这个模板，并且耳目一新。

对这样一个有主题、有线索、便于阅读又标新立异的PPT，不但不会哗众取宠，而且还能帮助听众把复杂纷乱的内容整合到一起。

记得那天讲这个项目的时候，老板们在看了第一页之后，就明白了我要说什么，他们怀着浓厚的兴趣听我娓娓道来。由于听众对故事架构有了解、有预期，节省了大量的时间来解释它们之间的关系，有时间去重点介绍内容。而且，因为这个陌生而又熟悉的模板，即使违背了PPT不要密密麻麻写一大堆字的做法，写上了很多文字，也因为所用的表达方式符合听众平时的阅读习惯，没有造成阅读障碍，听众自己就能把信息读明白。

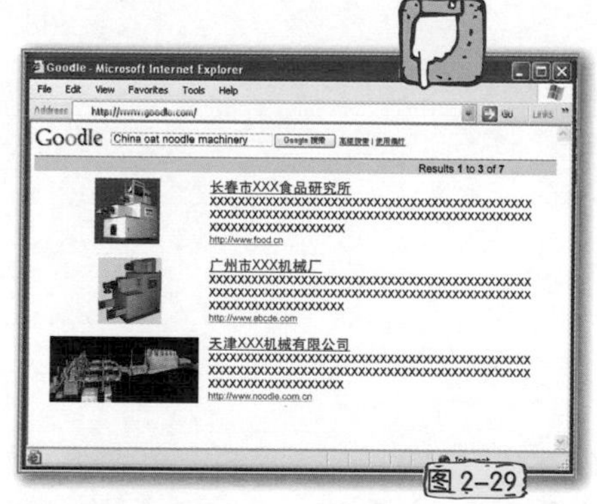

图2-29

平时给大老板做汇报，要费老劲认真准备，尤其要绞尽脑汁去想几个一定能响的笑话，体现一下幽默感，调动会场的气氛。但这次完全没有必要，因为这个模板本身就足以把我的个性和态度展现给所有人。更为重要的是，这样一份 PPT 拿在手里，你还会担心汇报不成功吗？你还会紧张吗？只有迫不及待拿出来显摆的份了。

做报告的那天，百事亚太总部研发高级副总裁看到我的这份 PPT 时非常兴奋，连着说了几个 Super!（太棒了！）她睁大眼睛听完汇报后，又提出了很多非常有价值的建议。不出所料，项目很快得到了立项，并且得到了亚太区总经理的高度重视。

雷住了没？也跃跃欲试啦？不光是谷歌，很多公司的网页都能给我们一些好的启发。其中的一些设计元素可以直接运用到 PPT 模板中。即使不能直接用，也可以提供很多图片素材。如果你给一个重要的客户做 PPT，不妨先去看看他们公司的网站，提炼出一些元素，融到你的 PPT 中去。相信这样的 PPT 一定会让你的客户对你刮目相看。

第三章 让PPT3分钟能看懂

03

第一节 清晰表达你的信息

PPT的清楚表达，有三个层次的要求：

1 清晰可见

这是最基本的要求。如果一页PPT看上去一团乱麻，密密麻麻的小字放在那儿，听众看都懒得看，怎么能让人家一下子记住内容呢？PPT的字体、字号、颜色都要清晰可见，保证听众不但看得见，而且看得清。

2 容易理解

讲一遍大家就能听明白。这主要体现在语言方面，既不要之乎者也，也不要从句套从句，让别人雾里看花、水中望月，然后自己感慨一句：其实你不懂我的心。奉劝一句，别绕那么多弯弯或者朦胧诗，弄个明明白白我的心多好。

3 体现个性

前面提到很多方法可以体现出 PPT 的个性，比如用标题、用线索、用模板，等等。无论是展现自己的个性还是展示公司的风采，都要求 PPT 的形式和内容有机统一，这是我们追求的 PPT 之最高境界。

二、PPT 清晰表达信息的三大原则

要想让 PPT 把信息清楚明白地表达出来，必须遵守以下三大原则：

1 学会站在别人的鞋里想问题

这里讲究的是一个思维方式。要遵循“理解万岁”的原则。PPT 可不能玩行为艺术，只有让别人理解，所表达的信息才是有效的。在清华读书的时候，有位师兄超级有个性，毕业答辩的 PPT 写得晦涩难懂，导师让他写检查，他交上去一篇文言文检查，也没有署真名，写了个自己起的字。这也就是在学校，要是在公司，老板肯定给你一个纸箱子，让你半个小时收拾东西走人。

图 3-1

展现个性的基础是要尊重听众，让他们爱上你。我们前面讲的那么多方法，不

是要让听众多花心思琢磨你的意图，而是让别人少动脑子就能清楚明白你所表达的信息。

英语里讲 Be in others shoes，意思是站在别人的鞋里，引申义为从别人的角度想问题。照片上，这个小朋友站在妈妈的鞋里，却体现出自己的风格。写 PPT，也要有这种独特的思维方式，时时刻刻从听众的角度着想。

不妨来和你的朋友做个小游戏。这个游戏非常简单，请和你的朋友面对面坐好，用两只手给坐在对面的伙伴搭一个人字。搭好后，看看你的手，如果从自己的方向上看是个“入”字，那么恭喜你，你是个细心的、会站在对方的角度上思考的人。因为只有你看到的是“入”字，坐在你对面的伙伴看到的才是“人”字。

这种思维方式强调的是 Bc in others shoe，即从对方的角度想问题。这种能力需要在实践中慢慢培养，下面的几个小故事能够给你一些启发。

(1) 文化差异

有一次，我去广州出差，要打车。正是下班高峰时间，车很不好打。走了一段路，看见路边停着一辆出租车，就走了过去，司机正在安税票的纸。我弯下腰，对着车窗问了句：“师傅，走吗?”司机眼皮都不抬一下，摇摇头，继续装税票。我无奈，刚要走，来了一个帅哥，朝着这个司机说了句:“靓仔……”之后，他成功坐上车走了。虽然，没听清楚后面的话，但“靓仔”这个词深深地教育了我。在北京叫“师傅”很亲切，而在广州，“靓仔”更加有魅力，这就是文化的差异。

做 PPT，也要考虑听众的文化背景。这个文化不单单是地域上的差异，还包括公司文化上的差异，以及公司内部各个品牌形象上的差异，等等。比如，在百事的食品品牌中，奇多是个儿童的品牌，这个品牌的 PPT 就要生动活泼；而桂格是一个健康品牌，关于这个品牌的 PPT 就要显得阳光、健康。如果弄反了的话，会让人家觉得“驴唇不对马嘴”。而如果连品牌的形象都表达错了的话，就更无法让领导接受你对这个品牌的项目的见解了。

(2) 语言差异

这种差异在和外国人打交道时，更加凸显。听过“各国英语”之后，我明白了一个道理，跟母语是英语的人交流最简单，因为他们能猜出来你真正的意思。正所谓“说我们的 Chinglish，让老外们痛苦去吧”。但要是赶上对方英语不如你，痛苦的就是你了。

一个同事曾经在泰国闹了一个笑话。泰国有一种米粉的吃法，很著名。一个大锅里是热汤，把米粉放在一个漏勺里，到热汤里涮一涮，熟了以后，捞出来，放上些菜码、肉丸等，浇上煮好的汤。汤是炖肉的酱油汤，这个同事不太喜欢酱油味，就跟服务员说要“clear soup（清汤）”。结果服务员给他端上来一碗酱油汤，但没有米粉，搞得这位同事哑口无言。

外企里很多人喜欢把一些 GRE 单词用在 PPT 里，以表明自己英语水平高。就我的经历而言，越是复杂的词，越容易让别人误解。一般情况下，听众不会因为不认识PPT 上面的一个词，而向你提问，结果是最终这个信息不能有效传达给听众。如果这是一个非常重要的信息，对整个 PPT 报告的效果都有影响。所以，越是用英语写 PPT，越要尽可能用简单的词和句子，减少造成歧义的几率。

(3) 认知程度差异

还是这个清汤面同事，有一次问我一个英文单词的过去式怎么拼写。我问他是给什么人写 E-mail？他说：“越南人。”“哦，那就直接加 ed 吧，省得人家不明白。”我的回答吓了他一跳，但想起米粉的经历，觉得也不无道理。

PPT 的制作者，对该项目本身的认知程度要比听众包括领导高出很多，因为我们对报告的内容非常熟悉，每天都跟这个项目打交道，项目的核心信息以及所有的细节只有我们最清楚。制作者要考虑到这种信息的不对称，并针对这种情况，制作 PPT。处理信息的具体要求如下：

①正确的信息层次。

老板需要知道战略层次，合作伙伴需要知道战术层次，办事人员需要知道执行层次。这就好比项目管理的时间甘特图，给老板们看的是里程碑级别的，跟同事交流的是完成项目的具体步骤及其直接的关系，而和执行项目的人要交代的则是每个工作如何具体操作才能保证万无一失。

②正确的信息形式。

老板需要简单明确的结论和事实，合作伙伴需要整个项目的规划和逻辑步骤，客户需要知道如何使用以满足他们的需求。

把自己和听众放对位置，特别注意听众的文化、语言和认知的差异性，站在听众的角度考虑，他们会希望听到哪些信息，这些信息通过什么样的形式来表达他们最容易接受。

我从前习惯了用英文写PPT，回国后，在大学里给人家讲课也用英文讲。很多听众反映，接受起来有难度。收到这种反馈之后，我就把所有的讲稿都改成了中文，并以更多的中国元素代替了西方背景的一些元素，这样大家理解起来更快更好。

换位思考不但是我们做好PPT的一大基本功，更是我们待人接物、处理与同事关系的基本法则。站在别人的角度想问题，把话用对方能接受的表达方式说出来，对方才能明白。

怎么知道听众明白了没有呢？直截了当地问："有谁不明白？"一般情况下，下面没有一个人举手，谁也不想显示自己的IQ不如别人。如果你再问："有谁明白？"举手的也不会很多，大多数的人会选择沉默。获得观众反馈最好的办法，是仔细观察听众的表情和眼神，通过这种渠道，跟他们交流。

在听讲过程中，听众会把感受写到脸上，往往在接收到信息以后会下意识地做出一些面部表情的反馈。这些表情是不会说谎的。如果你发现你的听众没有面部表情，其实他们也没有撒谎，他们对你讲的东西毫无兴趣。见人说人话，见鬼说鬼话，正面理解这句话就是要好好从听众的需求出发，把自己要表达的信息"翻译"成对方能理解、听得进去的内容。

2 别学周杰伦含糊不清

和外甥之间发生的一个小故事，让我对表达清楚信息有了一个深刻的理解。外甥今年上初一，是周杰伦的超级粉丝。他的电脑是个用了5年的老笔记本，没有音箱，天天把喇叭的音量开到最大，音效极差。他还爱用他那处于变声中的分了叉的破锣嗓子，跟着唱，音效与嗓子结合起来实在让人崩溃。家里人一听到他唱歌，就会忍不住上前制止，以摆脱这份折磨。

对周杰伦不感兴趣的我，从来没听明白他唱的到底是什么。直到有一天，我回家，看见外甥趴在电脑前照着歌词唱周杰伦的歌，咿咿呀呀地没个调。我凑过去，说："我想看看你到底都在唱什么。"不看不知道，一看吓一跳，才知道这些歌的歌词写得这么美，包含很多中华传统美德。听我这么一说，外甥来了劲，又向我推荐了几首他认为歌词特别好的周杰伦的歌。

这件事对我感触特别深。一方面我在做自我批评：我们判断事物的时候总是从自己的想象出发，而不愿意进一步思考，挖掘它背后的原因。也许我们会说，我们努力倾听了，但根本听不懂。其实原因是因为我们忘了去看看歌词。而另一方面我也体会到当我们跟别人交流，尤其是通过PPT和别人交流时，对清楚表达的要求更高。就好像周杰伦他在歌声中表达的信息，含糊不清，所以，拒绝了我这位歌迷。

你绝对不能像周杰伦那么拽，让老板去瞪着眼睛、竖着耳朵猜你到底要说些什么，这样的话，你就死定了。你的PPT中所有的内容，都要保证听众无论从会场的哪个角度和距离都能看见，而且尽量让听众看得舒服。接下来的几个章节，我们会分别介绍各种类型的信息怎么表达才让听众看着不费劲。不要小看了这些细节，它们体现出制作者和演讲者对听众的尊重，对工作的重视。

3 信息不能模棱两可

读过这样一个笑话：一个农夫发现很多人戴着眼镜看书。于是，他走进一家眼镜店去买眼镜。店主拿给他一副眼镜和一张报纸。农夫戴上眼镜，拿起报纸看了起来。他左看右看好一会儿之后，说："这副眼镜看不清楚，请另拿一副吧！"店主又给他拿了一副，他还是说不清楚。店主给他拿了几十副眼镜，他不是说这副不管用，就是说那副不合适，他对店主说："先生，你这里没有一副戴着能看书的眼镜。"这时，店主发现农人把报纸拿倒了，十分恼火地问他："你识字吗？" "不，先生。正因为不识字，我才买眼镜呀！如果我识字，我买眼镜干吗？"

虽然这只是一个笑话，但是它却告诉我们，内容看清楚了，不代表就明白文字所传达的信息，看清楚字和理解内容是两码事。清晰可见是基础，容易理解、表达明确是进一步的要求。在PPT的培训中，我借用并改良过史蒂芬·柯维（Stephen Covey）的《高效能人士的第八个习惯》中的一个游戏。

图 3-2a
图 3-2b
图 3-2c

请三分之一的听众先看图 3-2a，这幅图看上去明显是一个女人。而另三分之一的听众先看图 3-2b，这幅图明显是一个吹萨克斯的男人。还有三分之一的听众，不给他们看任何材料。然后，让全部听众一起看图 3-2c，这个图把前两幅图杂糅在了一起。结果，先看图 3-2a 的人都认为图 3-2c 是一个女人，先看图 3-2b 的人则认为图 3-2c 是一个吹萨克斯的男人，第三组则明显地产生了分歧，一些人认为是女人，另外一些则认为是男人。

这个游戏说明，我们面对的观众有两种，一种是有相关背景的人，就好像看了图 3-2a 或图 3-2b 的人；另一种是在看到信息之前，对这个项目没有任何 idea (想法)。有相关背景的人很有可能有自己的主见，甚至和演讲者持有完全不同的看法；对没有相关背景的人，新的知识可能很难一下子接受和把握，或者抓不到要点。所以，做 PPT，观点的大旗一定要举得高一点，鲜明一点。千万不要给出类似图 3-2c 这样的信息，还记得前面哥伦比亚航天飞机的惨剧吧？就是这样模棱两可的信息造成了无法挽回的损失。

第二节 中规中矩使用字体字号

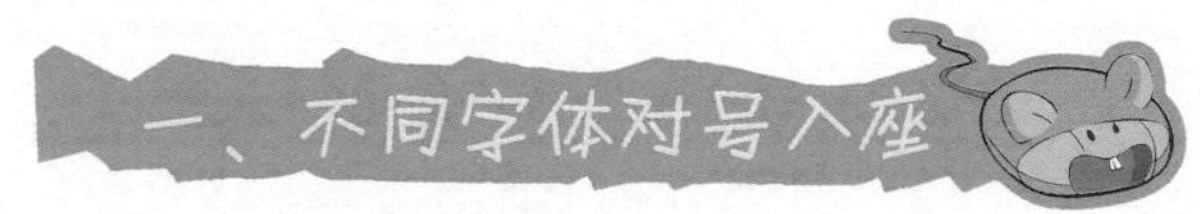

一、不同字体对号入座

字体很容易被忽视，很多人认为它不值得一提。但千万别小看这个细节，2009 年的高考有个考生用甲骨文写作文，只得了 6 分。虽然这件事尚有争议，但是，它说明了一个问题，把字体设置得太花哨或者写成“天书”，很可能成为别人理解你信息的一大障碍。

这样的例子在生活中比比皆是。一个朋友组织一个读书活动，所有的标题都用毛体写的，还是竖排的。我们睁大眼睛问：“请问您老这都写的是什么呀?”“毛体！漂亮吧！”他很得意地回答。但不大一会儿，他也变成了蔫黄瓜，因为好几页的标题他自己也看不明白了，只好根据内容来回忆。

PPT 是选用电脑字库中的字体，不存在写得潦草的问题。但是，选择哪种字体，也要引起制作者的注意。要看是用在什么地方，表达什么内容。描述内容或者标题，目的不一样，选择字体的原则也会不一样。

先看中文。在外国人眼里，每个中国字都像一幅画，书法更是我们非常引以为豪的传统文化之瑰宝。中文有很多非常漂亮的字体，每种字体不但代表了一种文化，还代表了一种气质，比如毛主席的毛体，多潇洒多有大将风度！可您也看到了，把它用到 PPT 上可欠妥。

把信息做成 PPT 展示给别人，是要让人家明白的，所以，虽然可以下载很多稀奇古怪的字体，甚至连“火星字体”都有，但是，这些字体，一定要慎用。你选择的字体要争取让每一个听众都看得懂。

字库中的字体大概可以分为两类，艺术字和非艺术字。这里，我们不去严格界定这两种字体的定义，只是简单区分，我们说，一笔一画横平竖直的就是非艺术字体；反之，就是艺术字。

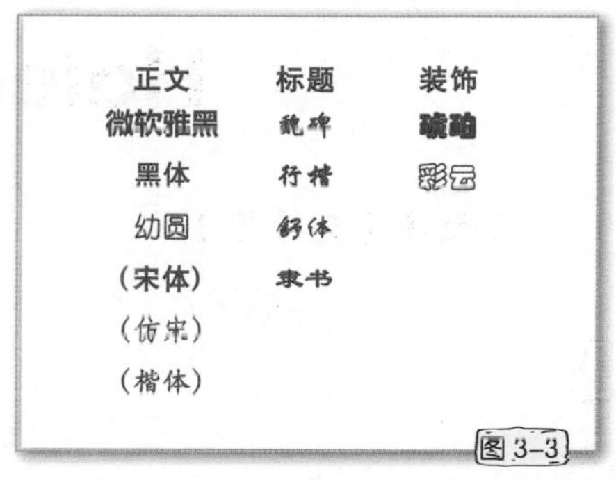

图 3-3

强烈建议大家使用笔画粗细一样的非艺术字作为 PPT 正文字体，比如，雅黑、黑体、幼圆等。为什么没提到经常用的宋体、仿宋或者楷体呢？这些字体也可以用，但不是首选，因为这几种字体的笔画粗细有变化，更适合于印刷品。展示 PPT 时，如果投影仪质量不好，笔画细的地方有时显示不出来，投影出来的效果好像没墨的打印机打出来的纸张，读起来很费劲。安全起见，还是雅黑、黑体和幼圆这些笔画均匀的字体，用起来比较放心。

非艺术字体之上，稍微有点变化，但还算老实的字体，比如，魏碑、行楷、舒体、隶书等，非常适用于标题字体。它们好读、漂亮、醒目，正适用于标题。

而更艺术化的字体，比如琥珀和云彩等，可不要大范围使用，零星点缀就好。这些字体虽然生动，但读起来可着实有些累。读起来更累的那些龙飞凤舞的书法体，尤其是复杂的篆体，练书法时当字帖可以，PPT 里就别尝试了。

说完中文，再来说说英文。英文不是我们的母语，感性认识没有中文那么强，先从几个驰名商标找找感觉。

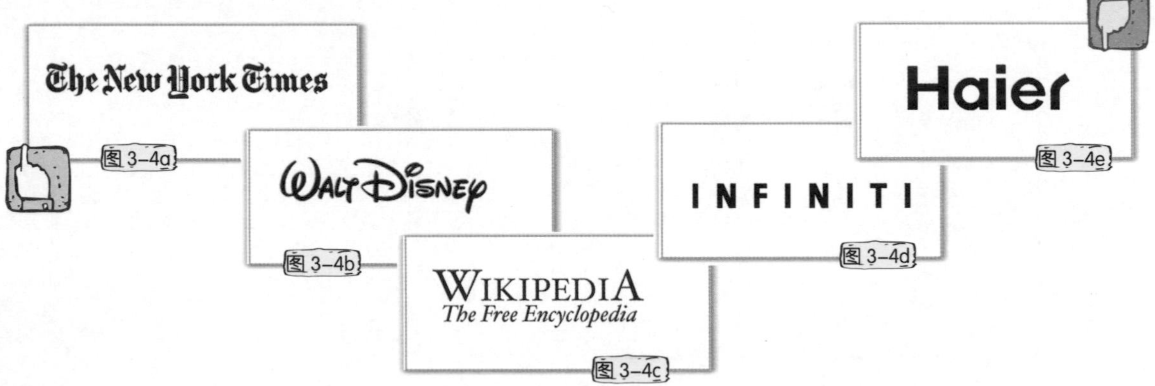

图 3–4a 中，纽约时报这个字体，大多数的中国听众是看不懂的，尤其其中的 T 和 Y 两个字母，跟我们的篆书有一拼。

图 3–4b 迪士尼的商标中，用的是手写体，相当于从篆书改到了行书，看上去很漂亮，很有个性，也很生动活泼。但和所有的手写体一样，这种字体也不是很好认，不要大量使用。

不过，可以用在特殊用途上。比如，我们要表达一个手写更改时，或者当我们以记事贴为表现载体时，就可以用手写体。图 3–5 的幻灯片里的“cycle”一词，我就用了手写体。因为，Rethink To–

morrow（重塑未来）是用来呼应公司的口号的，recycle（回收）是用来呼应啤酒瓶回收的。cycle 这里就用了手写体插进 Rethink 一词里，非常生动形象。

图 3-5

图 3-4c 中是维基百科中使用的字体，是 Times New Roman 字体，和仿宋字体差不多，是英文公文里非常常见的字体，也是微软 Word 的默认字体。这种字体的美中不足也和仿宋一样，就是笔画粗细不一样。

图 3-4d 中的 infinity 很清楚，但还是有问题。就是它太散漫了，跟慢动作似的，看了就想睡觉。

图 3-4e 中是 Haier 的商标，这样的字体既清楚又好认，在 PPT 中，推荐使用。这样的字体有几个特点：

第一，笔画的粗细一致。

第二，开口的大小合适，按照视觉规律，字的开口越大，越好认。

第三，笔划清晰。Arial 和 Calibri 都满足这些条件。PPT 软件的模板里，也往往选用 Arial 和 calibri 作为默认字体，看来还是有一定道理的。图 3–6 简要地总结了英文字体在 PPT 中的使用。

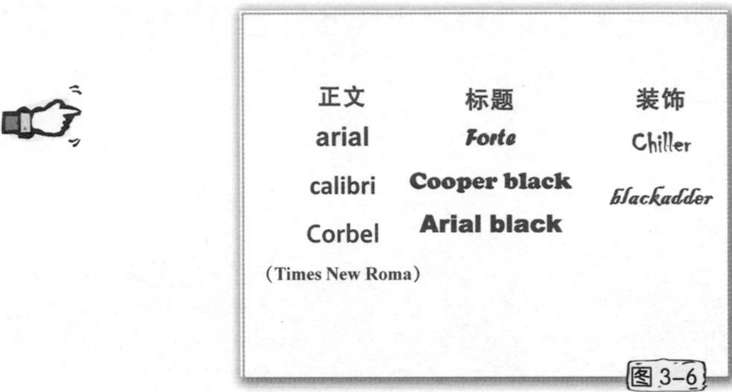

图 3–6

二、字体的混搭要混而不杂

单独使用一种字体，可能有些刻板。实际制作 PPT 的过程中，可以在不违反大前提的条件下，使用字体混搭，达到单一字体不能表达出来的效果。最简单的方法就是把黑体和一般字体进行组合，个别的地方，也可以使用手写体和打印体，如图 3–7。

图 3–7
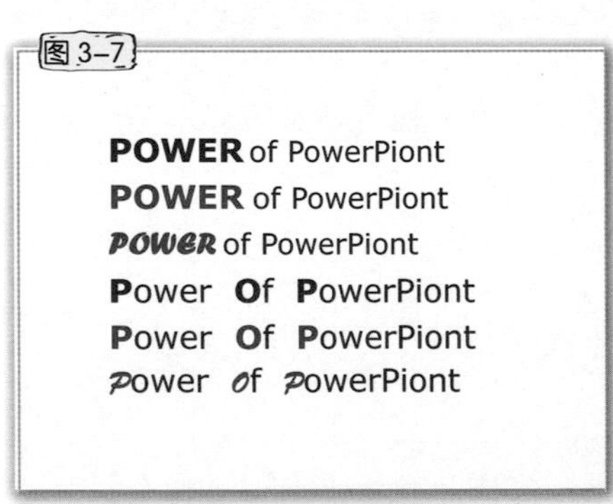

这里讲的混搭，是把两三种字体（或字号、颜色）搭配起来，达到突出强调的效果。不是大杂烩，更不是字体的大拌菜。要注意，在同一页里，内容的主体结构只能使用一种字体、字号和颜色，以保持一致性，只有在关键的地方才用不同字体、字号和颜色来突出。换句话说，在一页里，标题和内容中每个部分，最多使用3种不同的字体、字号和颜色的组合。这是死规矩，是被无数PPT前辈反复强调的基本原则。

滥用PPT的N宗罪里，很多人都认为，使用密密麻麻、让听众根本看不清楚的小字是第一条。面对这样的PPT，听众席发出“嚯”的一声之后，是两种身体的移动。一种是使劲往前倾，非要看个明白；另一种是往椅背上一靠，完全放弃。虽然一般情况下，PPT的演讲者会给大家指出自己内容的要点，但是，观众只是听一遍，与清楚看到相比，效果相差很多。

字号的选择，有一个很经典的8H（H是指height，高度）法则。通常来讲，一个会议室PPT的演示屏幕，高度不应该小于屋子长度的1/8。反过来说，就是说屏幕上的字可以在相当于屏幕高度8倍的距离里清晰地看到（高度近视的人除外）。有人换算过，这大概是20号左右的字号。

根据我制作 PPT 的经验，字号大致可分为 3 种，一种是超大字，通常指 40 号以上的字。这样的字看着是痛快，但占的空间太大，一句话就用了半页 PPT。第二种，是比第一种略小的，中文 20 ~ 30 号字，英文 18 ~ 28 号字这样的字号，看起来不费劲，一行也写得下一个完整句，能表达很多信息。我的 PPT 里，主体文字都集中在这个字号范围之内。第三种，是 14 ~ 16 号的字，虽然有些小，但还能看，在一些特殊情况，可以考虑使用。

如果用了小字号，最好事先亲自到现场检查一下，把 PPT 打到屏幕上，翻到字号最小的一页，走到房间的尽头，看看是不是能够看清楚。如果在演讲前没有机会检查设备，最好不要用小字号，把这页拆分成两页比较实际。

12 号以下的字体，用来写 E-mail 还行，千万不要用在 PPT 中，因为听众就是举着放大镜也很难看清楚。

当然，和字体一样，字号也要符合一致性原则。在整个 PPT 里，同样类型的内容也请使用同样大小的字号，这样可以保证故事的连贯性，让听众更容易地把信息归类，帮助他们理解并接受信息。

避免内容拥挤的另一个要点是行间距。如果允许，请使用 1.5 倍的行间距，这样的行距比较畅快，让人觉得比较大气、坦然。

四、线条粗细有讲究

这也是常常被忽视的一个细节。与字号类似，线条的粗细也有一些小讲究。其实这就好比女孩子画眼线一样。如果不化妆，显得太平淡，没有精神；稍微画一点，显得轮廓清楚，眼睛又大又有神，很迷人；但是如果化得再深一点，成了埃及艳后那种烟熏妆，就不是所有人都能接受了。推荐使用线条的粗细，是 2.25p。

在新版的 Office 07 版中，提供了很多新的线条效果。这些效果可以让线条更有立体感，更生动。但是，不能画蛇添足。简约本身就是一种美，所有附加的效果都不要为炫服务，而要为清晰表达信息服务。

这一节里归纳总结的一些字体字号的使用规则，不是必须规定的技巧，但是，它们往往决定了你是否能和听众顺畅交流，并赢得对方的尊重。选用合适的字体字号，把文字写清楚才能和别人更好地交流。写每一页 PPT 的时候主动地使用这些规则，能让你的 PPT 更加清楚漂亮。

第三节 和谐不张扬的颜色搭配

色彩是一门大学问，它是一个感观的东西。每个人的感觉不同，PPT 制作者很难像色彩大师或设计专家那样精准地运用色彩，基本原则就是要看着舒服。比较简单的方法，是选用 PPT 软件中的现成模板和色彩搭配。要是想尝试做一个特色鲜明的 PPT，学习一点色彩的知识还是很必要的。

所有讲色彩的人都是从色环（color wheel）开始的，这就是色彩里的“哆来咪”。常用的PCCS（Practical Color-ordinate System）色环有 24 个色调。这 24 个色调是基于三原色：红(R)、黄(Y)、蓝(B)为主色调配出来的。首先是三原色两两搭伙，组成三个间色：红色与黄色产生间色——橙(O)；黄色与蓝色产生间色——绿(G)；蓝色与红色产生间色——紫(P)。这样三原色与三间色就组成了六色相。在这六个色相中，每两个色相分别再调出三个色相(如图 3-8)，便组成 24 色色相环。这样的色环当然还可以无限度调下去，组成新的颜色，所有这些颜色在一起，就形成了一个色谱环。

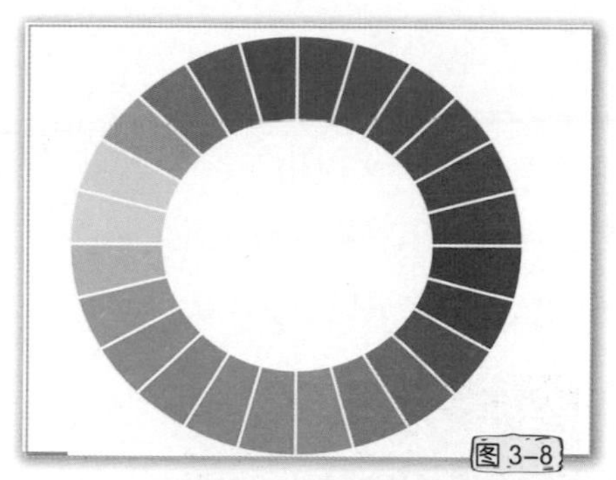
图 3-8

为了方便辨认，制作 PPT 时，尽量避免使用相近的颜色，也就是色环上相邻的颜色。不同颜色搭配使用，不同的距离会产生不同的效果：

1 180 度的互补很扎眼

色环上面相对的颜色称为互补色。一对互补色相结合，效果对比非常强烈，容易对人的视觉产生刺激，让人感到不安定。红配绿就是超级经典的互补色，尽量不要大面积使用。在 PPT 中，字体尽量不要选用和底色互补的颜色（见图 3-9），这样，会过于扎眼。这种强烈对比的效果，仅限于用在局部的强调。

图 3-9

2 对比色关系

色环中的两个颜色相距 135 度为对比色关系，属中强对比效果的色组。这种对比效果也很明显，但不会觉得非常扎眼，非常适合文字与背景的色彩对比（见图 3–10）。

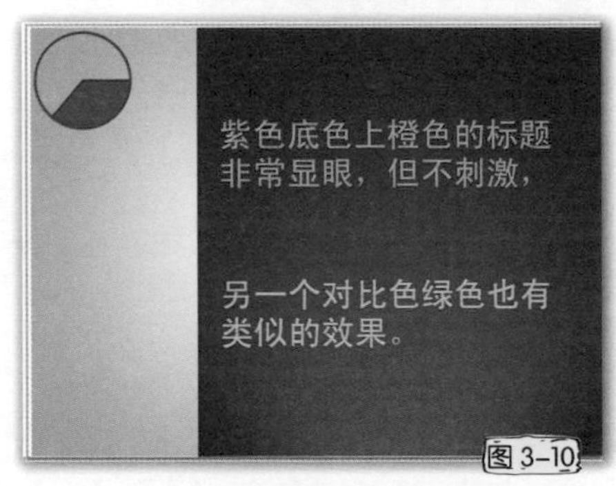

图 3–10

3 邻近色关系

色环中相距 90 度左右的色彩为邻近色关系，属中对比效果的色组。邻近色的冷暖感觉比较清楚，色调统一和谐，能够带给观众一种明显感情特性，但不适合做文字和背景的搭配。紫色和橙红调色组，是明色调邻近色对比关系，如图 3–11 所示。

图 3–11

4 同类色关系

色环中相距 45 度左右的颜色为同类色，对比效果非常弱，但同类色的主色调十分明确，比如蓝和绿就是同色调。这种颜色多用于底色来调整主题颜色，千万别把它们变成底色和文字的关系，那样你的整张 PPT 就成了色盲检测卡。

图 3-12

如果因为投影仪的颜色平衡有问题，偏了色，颜色对比度相对变小，把 PPT 变成了色盲卡，抱怨投影仪可没用，最好在事先准备好设备，根据设备调整颜色。如果事先没机会调整，那么只有尽可能用简单的配色方案。

颜色的使用还有一个重要的维度，就是浊度，也就是在颜色里加入白色或者黑灰色的程度。色环里的颜色，没有掺入白色或者黑灰色的，叫做纯色。这种颜色个性鲜明，充满了青春的活力。图 3-13Google 的 logo 就是一个纯色调的典型代表。

图 3-13

纯色调的文字最好用白色的底色。而如果选用这样的颜色来作为底色，可以选择的字体颜色相对有限，除了 135 度对比色外，基本只有冷色配白色或暖色配黑色的经典搭配了。比如，马路上的交通知识牌经常使用的纯色调与黑白线条对比，能让司机大老远就看清楚。

大面积的纯色还容易产生视觉上的刺激，会带来一些麻烦，北京话讲是怯，英语叫 garish（俗丽，这个词通常用来形容拉斯维加斯那种灯红酒绿），颜色太炫了。想象一下，如果我们听一个小时的演讲，背景都是大片的红色或者绿色，心情一定会非常焦躁。而如果是大片的亮亮的桔黄色，那你听完出门，千万要小心，过马路前一定要深呼吸，因为那个颜色会让人头晕眼花。

要避免这种俗丽的颜色，也很简单，要总体协调，局部对比。新版的 PowerPoint 2007 里面的颜色组合，基本上都是灰色调，一改 03 版中大红大绿的效果，看上去很有时代感，更有专业性。

注意，灰色调并不是灰色，而是把纯色调改变浊度，从而改变亮度和对比度。图 3-14 这个凤凰的图，就是纯色调和灰色调的不同效果。

图 3-14a

图 3-14b

另外，在 Office 07 版的默认模板中，还打破了长久以来人们对于 PPT 用色的一个误区。很多人都说一页里不能多于 3 种颜色，通过实践证明，颜色的多少并不是关键，关键在于和谐。

> 推荐几个自己常用的颜色搭配：
>
> 模版的底色——白色、黑色、灰色调；切忌——橙色、大红以及色彩缤纷的图片或水印。
>
> 内容的文字、标题——黑色、白色、深蓝色。
>
> 用来强调的线和图形——白底用艳色（红、绿等纯色）；黑色底用亮色——黄色、橙色。

PPT 默认模板的颜色搭配也是遵循着这样的原则。个人喜好不同，配色也可以有一定的创新，但是，切忌大红大绿成片出现。在这个基本原则下，还要关注颜色的意义。

二、留心颜色的意义

颜色有好多意义，有些是约定俗成的，有些是法律规定的。新娘的白纱表示纯洁，红色表示喜庆。在泰国，一周的 7 天分别有 7 种代表颜色。很多人喜欢每天选择和当天代表色一样颜色的衣服来穿，希望给自己带来好运。颜色还可以表示政党，比如美国的民主党和共和党分别对应红蓝两色。运动员的服装有明显的代表国家或国旗的颜色，就是观众和球迷也都纷纷用各种代表色表明自己的“立场”，比如韩国是红色，巴西是黄色和绿色，荷兰是橙色，等等。

颜色承载了很多文化背景，即使相同的颜色也可能在不同的国家有不同的意思。正确地使用颜色是对对方的尊重，忽视了这个重要的细节，就有可能闹笑话。

曾经工作过的一个公司，其代表颜色是草绿色。有个从国外总部来的同事为了表示自己的身份以及文化，到中国给大家做培训的时候，不但穿了件绿衣服，还带了顶绿帽子。结果他的中国同事偷笑到肚子疼。这样的错误在生活中只是个笑话，大家一笑了之，但是有时候，如果颜色使用不恰当还会影响工作。

前几年出过这样一件事，可口可乐的几个高管想向百事公司出卖商业情报，未遂，被百事的人告发了，这几个人被抓，判了刑。事情败露的原因，竟然是一个信封——这几个人用可口可乐公司的信封写信寄给百事公司。实在不知道这些人是不是大脑灌水，一个红色的可口可乐信封，掉到百事蓝色的海洋里是多么地刺眼，不被抓出来才奇怪呢！当然，我们这里并不是探讨如何“安全”地从事商业间谍活动，而是想说颜色的细节，在一些特殊情况下，可以关乎项目的成败。所以，千万不能忽视它。

PPT 的制作者不是色彩大师，了解颜色的目的就是为了不犯错误。在使用颜色的时候，要尽可能地站在听众的角度，了解他们的好恶。如果因为种种原因，不能了解得很清楚，对听众的颜色喜好没有把握，就要尽可能避免那些可能会有争议的颜色，多使用一些“安全色”。

玩转PPT的5种武器

PPT在老外眼里是visual aid（视觉辅助）。aid这个词太贴切了，PPT能帮报告者把想说的信息表达得更清楚，能够把要讲的东西掰开了、揉碎了，让听众更好地接受。打个比方，PPT就像个坚果钳，帮助演讲者夹碎信息的坚硬外壳，把里面香喷喷的果仁暴露出来。正如前面所说的，PPT只是一个工具，如何使用，还在于制作者。

PPT的展示，不是摆地摊那样把所有数据、结果，一股脑地摆在听众面前。制作者要筛选、整理和解读自己的信息，按照一定的逻辑，把信息传递给听众。在筛选的过程中，要考虑听众背景，也就是要了解他们想听什么，怎么让他们听懂。

首先，要去掉和听众无关的话题，把信息分类，整理出PPT的思路框架。具体来讲，就是要厘清总论点和分论点以及各分论点之间的逻辑关系，并按时间（比如第一季度销售额、第二季度销售额等）、按业务（比如市场部的工作、销售部的工作等）分类或按地区（比如华东、华中、华北等）分类。

其次，要把这些分好类的信息，用正确的表达方式表达出来。这是最关键的一步，是PPT制作中的重中之重。PPT用来展现内容的工具，按形式分成五种：文字、表格、趋势图、图画、动画（或短片）。

一般而言，PPT 需要表达的内容可以归结为 7 个 C，即 Conclusion （结论）、Comments（意见）、Count （数字）、Comparison （比较）、Course （过程）、Creature (创造物，这里泛指物品)和 Concept（概念）。如图 4–1 所示。

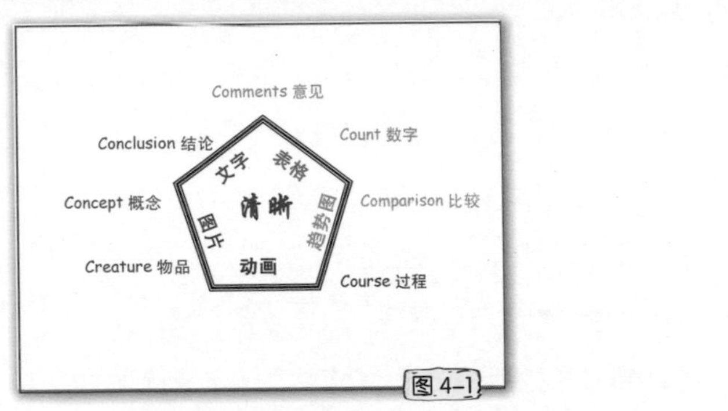

图 4–1

不同的内容，要选择不同的工具来展示。PPT 中，用来表达这些内容常用的 5 种表达方式，也像一个五角大楼的 5 个不同方向的窗户，有各自的主攻方向，也可以是其中几个组合。

首先，我们要了解一下这 7 个 C 内容的特征，然后，再来看如何轻松表达它们。

1 Conclusion （结论）

结论是根据事实推理出来的总观点，是 PPT 的目的所在。结论就要斩钉截铁，明明白白。还记得那个含含糊糊的结论导致航天飞机爆炸的故事吧，多可悲呀。语重心长说实话应该是所有 PPT 的共同特征。

2 Comments （意见）

意见不一定是结论，而是以个人的角度看问题，往往是在比较中生存，也就是把不同的观点罗列出来，进行分析。比如 Pros & Cons （优缺点分析）和 SWOT 分析，即 Strength （内在优势）、Weakness （内在劣势）、Opportunity （外部机会）、Threaten（外部威胁））分析。这些分析只是代表对某件事的认识，往往没有对错之分，只是一家之言。SWOT 分析有两种，一种只是分析，还有一种是把两两对应的策略写出来，这些策略也是一些看法，是从各个方面不同角度进行分析的结果。如表 4–1、表 4–2 所示。

表 4–1

Strength （内在优势） （具体优势）	Opportunity（外部机会） （具体机会）
Weakness（内在弱点） （具体弱点）	Threats（外部威胁） （具体威胁）

表 4–2

	Strength （内在优势） （具体优势）	Opportunity （外部机会） （具体机会）
Weakness（内在劣势） （具体弱点）	对应 SW 的战略 （结合优势和弱点制定的具体战略和实施措施）	对应 OW 的战略 （结合机会和弱点制定的具体战略和实施措施）
Threaten（外部威胁） （具体威协）	对应 ST 的战略 （结合优势和威胁制定的具体战略和实施措施）	对应 OT 的战略 （结合机会和威胁制定的具体战略和实施措施）

3 Count （数量）

突出数字的最好方法，就是把它填进表格。各种数据到了表格中，不仅一目了然，而且让人印象犹深。给我们印象最深的就是学校里的成绩单，这种优劣立现的对比，成为评价代表的基本依据。

另外，说数字的时候千万要注意单位。同样是 1000 块钱，1000 日元和 1000 美元可差了十万八千里。特别提示，英语以千为单位，而中文是以万为单位，极容易搞混，要注意检查。

4 Comparison（比较）

股民最清楚啥叫比较了。人家忽悠你买哪只股票时，都是弄张走势图过来，让你看看它如何波澜壮阔，别人的股是怎么跌的，这个股是怎么涨的，过去未来全清楚。这就叫趋势图，有人生动地把它比喻成“看着后视镜”开车，就是根据你走过的路来判断前面要怎么开。不管对错，都是从大趋势里看到未来，所以趋势图就成了表达比较的主要手段。

5 Course （过程）

过程是分步骤、分阶段的，就像电子游戏里通关一样，有个先后的顺序。PPT 中展现的过程通常有工艺过程、变化过程、交易过程等。这些过程是 PPT 表达的难点，怎么更有效地把这个过程表达明白，是考验 PPT 制作者功力的重要一关。

过程具有 step by step 的特征，按照时间顺序播放的动画，往往是最好 的 表 达方式。可以从网上下载一些小视频，还可以自己用DV做些小片段来说明一个过程。

6 Creature （物品）

在PPT中告诉听众在开发的新产品是什么样，或者你在设计的汽车零件到底装在汽车的哪个部分，在澳洲野外考察的时候遇到了哪些稀奇古怪的动物，给外国友人介绍我们的奥运场馆等，最好的方式，就是看图说话。所以在给听众提供“What it is”等类的信息时，给张图片是最简单的办法。

7 Concept （概念）

这个内容，说它虚它就虚，说它实它就实，做市场的人肯定是爱死它也恨死它了。如何把一个虚的概念让听众接受，甚至让它成为观众自身的一种消费意识或者行为方式，都非常不容易。要说清楚抽象的概念，就需要图片加文字甚至动画的方式。

第一节 与众不同的PPT文字风格

了解了 PPT 中 7 种表达的内容之后，在接下来的几节里，就具体地从这个五角大楼一个窗户一个窗户地看看这 5 种表达方式：文字、表格、趋势图、图画、动画在使用的时候要注意什么。

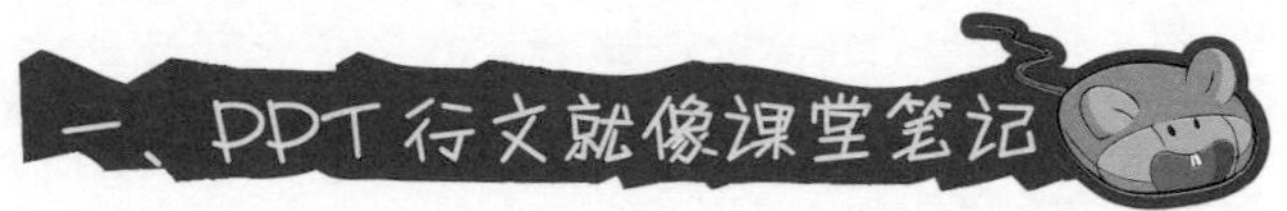

一、PPT行文就像课堂笔记

PPT 是以表达观点为目的的，5 种表达工具中，文字是表达观点最为重要的工具。文字最大的特点就是明确。古埃及的文化流传了几千年，我们还能解读，就是因为人家写明白了。站在埃及的卡尔纳克神庙里时，我被彻底震撼了！在这样一个前后修建了 2000 多年的神庙里，整齐的文字布满了所有的墙壁、立柱甚至横梁。那是我见过的最美丽、最伟大、最壮观、最不可思议的装饰。而另外一座非常古老的墨西哥庙里则全都是连环画，在太阳月亮金字塔边上的神庙里，我指着那些残破的壁画，问导游这些画是什么意思，导游却一问三不知。原来，对于这些壁画的解读，历史学家们还有很大争论，现在唯一能确认的就是这众多的神都是掌管什么的，其他具体的细节没人能说清楚。所以，从表达结论、论点而言，就是再简单的文字，也比图画或其他形式说得清楚。

在文字表达上，PowerPoint 与 Word 等文字编辑软件的作用截然不同：Word 是用来阅读、编辑整篇文章的，而 PowerPoint 中的文字是用来辅助听懂和帮助事后回想的。这就像上学的时候课本和笔记的关系，课本是自学用的，而笔记是在课堂上记录要点的。

德鲁克说人可以分成两种：倾听型和阅读型。倾听型的人的信息主要是靠耳朵听，而阅读型的人的信息则主要来自看书。PPT 能弥补倾听型人和阅读型人交流的障碍，在听众和演说者之间搭建一个沟通的桥梁。那么，PPT 这样的笔记型表达有什么特点，又有哪些优势呢?

● PowerPoint 里重要的是 point（点），这个点，可以是观点、要点、重点、难点、突破点，要求准确和简短。有人甚至武断地说，演讲的效果和幻灯片里的字数成反比。本人不敢苟同，但是，那些好学生的笔记，都是记得最关键的要点。

● 观点背后的逻辑不需要具体写到幻灯上，幻灯片里尽量不要出现“所以”、“因此”、“然而”、“其实”等字眼。

● PPT 是分条的笔记式写法（Bullet Point），而不是一般 Word 文档的分段式写法。写 PPT 不能像写 Word 文档那样写成黑压压的一片，形成所谓的“text wall（文字墙）”，那样的幻灯就变成了小字报。

打开一份 PPT 的文字页，尤其是结论页，哪怕不去阅读文章，映入眼帘的排版就应该是这样的——

每一个图标都引导一个简单完整句，把完整句串起来就是一个主要观点，这是整个 PPT 故事最简练的缩写。这样的写法，就是时过境迁、海枯石烂，只要 PPT 文件还能打开，读者就能读得懂中心观点，了解主要内容。

在写 PPT 时，脑子里一定要想笔记的写法，不但要分 point，更要让每个点都powerful。

使用文字的时候，还有两个小窍门向大家推广一下。

1 备注栏克服简短词的缺点

随着 PPT 的广泛使用，文字墙的现象已经不太多见，但是，出现了另一种极端，只用简单的词或词组代替句子，觉得那样更酷、更有冲击力。前面已经讨论过了，在公司里做 PPT 时，这样往往不是很合适。要弥补 PPT 的这个“劣势”，可以在标注栏具体说明和记录你要表达的所有信息，以便以后看起来也能明白。尽管我很少用那么简短的词，但我自己依旧是个标注栏的 heavy user （常客）。

在非常重要的幻灯片里，我会把我要说的话一字一句地写下来。本书的很多经验或者教训，都是从培训材料的备注栏里摘录下来的。我的 PPT 标注栏总写得密密麻麻，虽然多费些时间，但我觉得这些备注就像是我的日记，不但记录了我的工作，更记录了我的热情和快乐。过一段时间调出来看一看，里面好多的典故都能让自己“噗哧”一笑。

2 突出关键词，让完整句更好读

完整句读起来的确要比读单个的词或词组费劲一些，怎么让完整句更有冲击力呢？办法很简单，就是运用字体、字号、颜色的力量来突出、强调。一方面观点完整了，一看就明白；另一方面，也能够突出要点，让观众“唰”地一下就抓住信息了。

比如，“交流是跨国项目中最困难的部分”，就可以在 PPT 上这样呈现。

交流是跨国项目中最困难的部分

用字体、字号、颜色突出了关键词，让听众一下子抓住关键的信息。简单完整句中的关键词，大多是形容词或副词，对应平时说话的语气。只要不太花哨、不太拥挤，这样的做法行之有效。

笔记式的文字表达，一定会成为你PPT中最强大的武器之一。但是，也要小心文字表达中常常会犯的一些错误。千万小心不要碰的雷区有：错别字、语法错误、缩写词、画蛇添足和复杂句型。

错别字和语法错误是最低级，但也是最常见的错误，并且还很不容易被发现。虽然微软提供了一些检查拼写、语法错误的功能，但是这些程序化的功能往往代替不了人的检查。

美国NBC电视台最著名的晚间档节目《Tonight Show》播过一期节目，是从一美元店（Dollar Store）的产品搜罗出来的拼写错误。有一个小孩子的袜子，本来要表达的是“I love bear”（“我喜欢小熊”），结果里面把熊拼成了beer（啤酒），变成了“我爱啤酒”。因为错别字而闹出的笑话就更多了，使用各种语言的各个输入法都难免发生一些打字错误（typo）。

对付这种错误有两种办法，一种是让别人帮你查。不过，估计除了一些专业人士比如编辑之外，很少人能胜任这种事情。尤其不要让老板来替你找错别字，那是在为下个月扣你工资找理由。

自力更生的办法是把写好的文件放一天，第二天再读一遍。如果写完马上就读，看到的还是原来写的东西，很难挑出错误。就好比小时候做数学题，哪怕做完了检查很多遍，也还是会出问题。不是因为题目不会做，而是心思还全部沉浸在做题时的逻辑中。如果放下一段时间再检查，一定会查出错误。这就要求制作者不要把报告等到最后一天才完成。把它静置在硬盘里几天，再拿出来修改。这时，再看自己的PPT时，就好像读别人的一样，挑起错来眼睛也“贼”了很多。

错别字和语法错误还可以算是无意识的错误，别人挑出来时，自己会脸红。后面几种很多人都不觉得是错误，但往往杀伤力更大。

杀伤力排第一位的要数公司里的缩写单词（acronym）。我也不是要坚决反对使用缩写，缩写词肯定有它的好处——缩写可以大大缩短句子的长度，使幻灯片包含更多的内容。但是，要想使用缩写词，最好要做一件事，很小的事——务必在第一次使用时用全称进行标注，并告知听众在后面的PPT中会频繁用这个缩写，让大家在思想上有所重视。如果不是公司里常见的缩写，每一次遇到这个缩写，都要向听众解释。

一个PPT中，不要使用多于3个缩写词。也许你会说这些缩写词地球人都知道呀，瞎讲究个啥？那么请你好好回想一下自己刚刚进公司，第一次听到这些词时的感受：以为自己是会场上唯一不懂这些词的人，所以我们忍着不问。而这

条信息没明白也就这样过去了，忘在脑后。半年甚至一年后，我们才有机会从别人回答某个厚脸皮的新同事问话里揭开这个缩写的神秘面纱。所以，在我们自己做PPT时，宁可假设听众是外星人，也不要满篇都是缩写词。

职场感悟

我刚到百事，被派到美国总部学习3个月。第一个月中，开会时，我几乎啥也听不懂，也不敢问。不是我英语不过关，而是大家张口闭口都是仨字母仨字母地往外蹦缩写。在给老板的学习进展汇报里，我写上了这一个月以来从各种PPT中收集的100多个缩写。让我十分诧异的是，即使老板已经在公司工作了十几年，他也只回答出了80%。

老板把我的这份总结变成了新人培训的必备材料。中国区的VP，也跟我要了一份，在公司干了一辈子的他，也只又补充了5%。直到我离开公司，我也没有把当时的100多个缩写的意思全部回答齐。

3年来，这个名单却越来越长，还发生了歧义和变种。比如PC，在百事不是指personal computer（个人电脑），而是指potato chips（土豆片）。而它的衍生词NPC，在我们亚太组是指non-potato chips，即非薯片类所有产品的统称。而在百事中国，NPC指的是natural potato chips（天然薯片），指直接用土豆削片做成的土豆片，是相对于用土豆粉压片的土豆片而言的。所以，我们一开会，就先要为这事造成的误解“打架”。

正是基于这种情况，用任何一个缩写，都要假设你的听众里至少有50%的人不明白它的含义，而加以特别说明。

字少了不行，字多了有时候也不行，小心画蛇添足。还要避免用复杂句型。复杂句型是歧义的一大来源。比如双重或更多重否定，很难让人看明白。考过GRE、GMAT的人都有深刻的体会，阅读里面最怕的就是一句话有3行长，需要一点点拆分里面的多重意思。畅销书里的句子都很短，句型都很简单，非常适合读者的阅读习惯，增加了阅读的快感。PPT要在简短时间内传播大量信息的特点，决定了它的句子要尽可能简单。自然、简约永远是最美、最和谐的。

看见没有，原来PPT的文字表达有这么多要注意的东西。仔细琢磨，注意这些原则和细节，制作PPT的行为和质量都会有大幅度提高，成为真正的PPT高手。

第二节 横竖有理的表格表达

一、表格是PPT的天敌

我一向认为表格就是PPT的天敌：在PPT里，制作一个漂亮的表格不容易，就是插入表格、调整表格也是非常蹩脚的操作。既然这么较劲，能不用表格的话，就尽量不要用了，这是实话。

确实，并不是所有的数据表达都要用图表，尤其只要呈现一两个数时，把要强调的信息摘出来就行了。比如，只强调巨无霸的热量高，而不想知道盐分或者其他的成分有多少，也不想和其他产品进行比较，就不必把整个营养成分表贴上去，而用简单的数字来表明就可以了（见图4–2）。这样重点突出，更能打动听众。

图4–2

表格的优势在于对比，通过对比数字、对比看法，更鲜明有力地论证观点。下面的两种情况用表格来表达就非常合适。

● 绝对数字是关键信息。比如，奥运会奖牌榜，银行利息，外币汇率，等等——更关心的是一个数字的绝对值，而不是趋势。

● 简单明了的分类信息。比如，国庆期间的工厂人员值班表，几个地区的销量变化，等等——把这些信息列成表格很方便查找。

在Office办公软件里，Excel可谓是表格专家。但是不是把数填到Excel里，再copy到PPT里就OK了呢？当然不是，在Excel里面，表格做得非常详尽，包含所有的原始数据和逻辑关系。鼠标点到任何一个数，只要不是原始数据，就会带着其他几个数一起被画上框框，在公式栏里出现一个或简单或复杂的计算公式。这就是Excel，讲究的是牵一发而动全身，详尽的可追溯性是它的优势和特点。但是在PowerPoint里面，表格只为观点服务。所有的原始数据，如果不是和观点紧密结合的，能不用的数据就坚决删除。

PowerPoint的表格还要注意一般不用完整句。这并不是和前面讲的完整句原则冲突，只是要具体情况具体分析。主要原因是表格不能承载很多文字。而且，为了让听众更容易掌握信息，PPT 比较忌讳换行（不是禁止），PPT 的表格中，最好用词表达。如果不得不在表格中填入完整句，通常说明这个地方不适合用表格来表达。如果必须用表格，而用词又表达不清楚，就要将拆分进行到底，让一个表格只表达和强调少量的观点。少而精永远是 PPT 中表格的精髓。精进工作就是要把消化好的东西放在 PPT 中，而不是一大堆的原始数据。这个正是 PPT 区分于 Excel 的突出表现。

三、循规蹈矩地做表格

在表格的表达和制作上，无论是 Excel 还是 PowerPoint 都是相通的。几大要素一个都不能少。

● 要有表头。表头的信息要明确，清楚地告诉听众，这个表格是关于什么的。

● 要有分行线。表格之所以称为表格，就一定要有行有列。当然，如果列中间的空隙够大，且对仗工整，那么竖线可以省掉。但是，横线不能没有，至少要有三条，这就是最简单的三线图。

● 数量要有单位。一个朋友曾经在给客户报价的时候忘了写单位，这是个德国进口的设备，本来是欧元的价格，被客户误解成了人民币，造成了很严重的后果。他因此被炒了鱿鱼。

● 一行一列只表达一种内容，不能把不同的信息混杂在一起。比如，这一列的表头是价格，就不能混入生产量。不要以为这样的事少见，一定要仔细检查。

根据这几个要素，评判一下图 4-3 中这个表格，看它存在哪些问题。

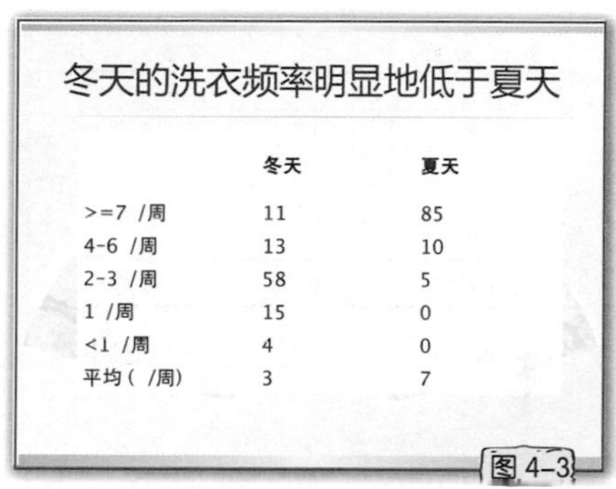

冬天的洗衣频率明显地低于夏天

	冬天	夏天
>=7 /周	11	85
4-6 /周	13	10
2-3 /周	58	5
1 /周	15	0
<1 /周	4	0
平均（ /周）	3	7

图 4-3

这个表格存在的问题有：

● 表头没有编号，信息不明确。估计有人会跳起来说，怎么没有信息？多明确，而且还用的是简单完整句“冬天的洗衣频率明显地低于夏天”。问题是这句话的位置，表头是“说明文”不是“议论文”，这句话是结论，是这一页的标题，而不是表头。表头的一般格式应该是“表一：冬夏洗衣频率调查”。

● 没有画线，看上去很散漫，对齐都很难。另外，字号小，占用表格的空间太小，好像夜空里散落的星星。

● 单位缺失，信息杂糅。第一列的单位是（次 / 周），可是从第一列“>=7/ 周”到第五列“<1/ 周”，内容里对应的是消费者占被调查者的百分比。而最后一列的平均值对应的则是上面的信息综合：在冬天或夏天平均洗衣服多少次 / 周。不仅听众难以理解，就是制作者自己也不会一眼就看明白这些数字的关系。

这个数据是可以做成表格的，但是，做成图 4–3 中的表格，效果只会适得其反，必须进行修改，如图 4–4 所示。

夏天洗衣频率明显高于冬天

表一：冬夏洗衣频率大调查

洗涤次数/周	冬天	夏天
7 or >7	11 %	85 %
4-6	13 %	10%
2-3	58 %	5 %
1	15 %	0 %
<1	4 %	0 %
平均	3 次/周	7 次/周

地点：北京　200人　女性

图 4–4

加上单位，又把冬天和夏天分别用一个冷色的蓝色和一个暖色的红色标注一下，还把这两个季节里洗涤次数最集中的那一项用相应的颜色和加黑的字体标注出来。最后的平均数值区域，也和前面的内容在形式上区分开，不会和前面的内容混淆。这样的表格，让听众一下子就能看明白，还能抓到重点。

有一种观点，认为 PPT 的形式更重要。甚至有人断言，凡是小时候出过黑板报的人，进了公司都会做 PPT。PPT 确实需要一定的美感，但是，我觉得态度更重要。正如我们反复强调的，制作 PPT 一定要反复问自己：如果你是听众，这样一个表格摆在你面前，你能看明白，并给别人解释清楚吗？如果你有十足的把握说可以，那么它一定是一张漂亮的表格。

有人喜欢把表格的内容图形化、形象化。网上流行的 PPT 高手秘诀，十有八九会告诉你如何把一个 boring(无聊)的表格，变成一个生动的图片。我也很喜欢用图片，在后文也会讲到图片的力量，但是，这并不代表图片能够代替表格。表格有自己独特的个性，我强烈反对现在愈演愈烈的图片化。

有人说，现在是读图时代，愿意一点点看文字的人越来越少了，人们更愿意花几十块钱看大制作的大片，而不愿意捧起一本名著细细品味。人们变得很浮躁，喜欢一目了然。这是现实情况，我自己就是倾听型的人，是个形象记忆的动物，很难记住文字，所有的事情在我脑子里的存储方式都是电影片段。但是，这并不代表所有的事情都可以只用形象的图片来表达，而忽略必要的文字和数字。比如图 4-4 中的那个表格，可以改成如图 4-5 所示的图片。

图 4-5

图片化之后是很漂亮，但是，别人看不懂，你自己也记不住。如果不是已经看过前面那个表格，根本不会明白，这几个筐分别代表什么。我见过一个牛人，就做了一页 PPT，上面就一个字“1”，他却讲了一个小时，从公司的战略第“1”重要的是什么，到一个“1”百万的品牌、团结成“1”个团队……我很佩服他的出口成章，但现在我只记得当时自己的震撼，而他具体讲的内容全忘光了，更不用说他的重点了，脑子里记住了个“1”，连“2”都没有。我倒是想采访一下这个牛人，您出口成章之后自己又记住了多少呢？

还是那句老话，我们的PPT报告是要存档的。要存就存些有价值的，浪费服务器几个字节空间倒不怕，怕的是重要信息流失了，那可是哭不回来的。就说上面的图吧，一段时间之后，也许可以猜出来那几筐衣服代表的是什么，但调查出来的具体数字都遗失了。这些信息是公司重要的财富。如果真的喜欢图片化的表达方式，希望你能在附录里，添加一些原始数据的表格，并在图片化的那页进行标注。这样起码能做到有据可查。

五、讲述表格的4步套路

做出一个清楚的表格之后，还要给听众讲明白。总不能把PPT往那一投影，一句话不说，让听众自己看。这个听上去好像很滑稽，但是保证你遇到过这样的情况。有人讲PPT，根本不解释表格的内容，直接就跳到结论，告诉听众“从这张表格里我们看出……”对不起，等一下，给我半分钟，我反应慢，还没看出个所以然呢。

其实不是别人反应慢，而是演讲者跳得太快。这种事我也干过，有一次，公司里给一个重要客户介绍产品，由另一个同事讲的内容因为他临时出差，轮到了我头上。我临时抱佛脚，不管三七二十一，厚着脸皮就上了。因为PPT不是我做的，里面有个表格，没遵循咱那些法则，我真没看明白。在讲的时候，我生怕别人看出破绽，就直接把标题的结论念了一遍，马上翻页过去了，我的心“怦怦怦”地跳呀。这样讲，演讲者都不懂，听众怎么能懂呢？

现实中也是如此，越是大牛教授，说话越慢条斯理，课程越易明白，人越有亲和力。相反，那些没啥本事的，反而装得很拽，怕别人看出来他们的肤浅，死活要拿着股劲，显得他啥都懂。他们说话巨快，不着边际。他们的一大理论就是：我把每一个听众都忽悠晕，你就明白啥叫高科技了。其实，解释得越清楚越容易理解，才越能表明演讲者的水平。

好多人不擅长表述一个表格，觉得无从下手。其实很简单，4个简单的步骤，用现成的句子套用，就可以把表格讲述得非常清楚。

- 先说明表格的目的和名称：“您现在看到的表×是一个关于×××的研究。”
- 介绍表头和单位：“表中的行表示××，单位是××；列表示×××，单位是××。”
- 介绍主要数字或内容：“从表中我们可以看出×××××。”
- 给出主要结论：“所以，根据这些数据，我认为×××。”

图 4–4 中的表格就可以这样叙述：

在这一页里，您看到的是一个关于洗衣频率的消费者调查结果。在这个调查中，我们分别调查了消费者在冬天和夏天两个季节的洗衣习惯，将洗衣的频率分成了 5 个级别，分别是每周洗 7 次或以上的，洗 4 ~ 6 次的，洗 2 ~ 3 次的，洗 1 次和洗 1 次以下的。通过调查，我们发现，在冬天，大部分人一周洗 2 ~ 3 次衣服；在夏天，绝大多数人会天天洗衣服。

综合了这些统计数字，我们发现，在冬天平均的洗衣次数大约为 3 次，而到夏天，这个数字一下子跳到了 7 次。这是不是说明了在夏天，消费者会使用更多的洗涤剂呢？我们在后面还有进一步的分析。

讲述 PPT 表格，这个环节绝对不能省，比起让听众发懵，花这两分钟费这点吐沫星子非常值得。

啥？变形金刚？这是我给 smart art 起的外号。新版的 Office 办公软件里，在从前的组织结构图的基础上又新增加了一大类，叫 smart art。实际上是一些带有文字的示意图，大多已经设计好

了逻辑关系，比如，跷跷板，表示因素的平衡，可以用来写优缺点以及重要性；金字塔，表示经济基础和上层建筑的关系；齿轮，表示互动连带关系，可以用来说明各个部门间的工作配合关系。除了这些图，还有表示流程的、组织结构的、矩阵的图，这些图在smart art出来之前我们也经常使用，并不陌生。

PowerPiont中自带的smart art图，可以非常快速方便地帮我们表达一些逻辑关系，但是，凡是新事物都有一个成熟发展的过程，我用过几次，不是特别好用，不知道是因为过于smart还是过于art，一些字体字号老是自动地变来变去，往往导致字体过小。一些设计初衷虽然很好，构图却是个麻烦事。比如图4-6中，每个空就只适合写两个字，而且默认中文。如果用英文，字一下子变得很小，想调整都难。

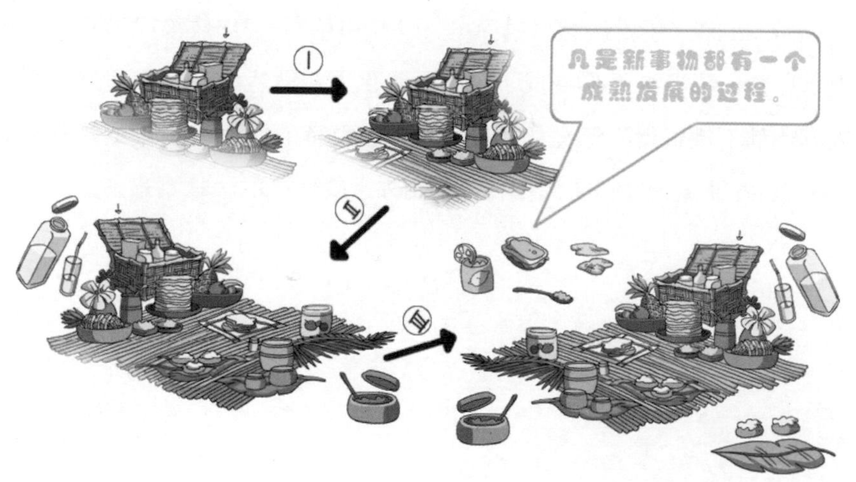

别着急，在微软为咱写补丁之前，给你支个招：可以用它的图，但不用它的文本框。单独拉个文本框摞在上面，把文本框的背景调整为透明色，在文本框里想写多少字就写多少字，想拉多大就拉多大，省得跟微软较劲。谁让咱大脑比电脑聪明呢？

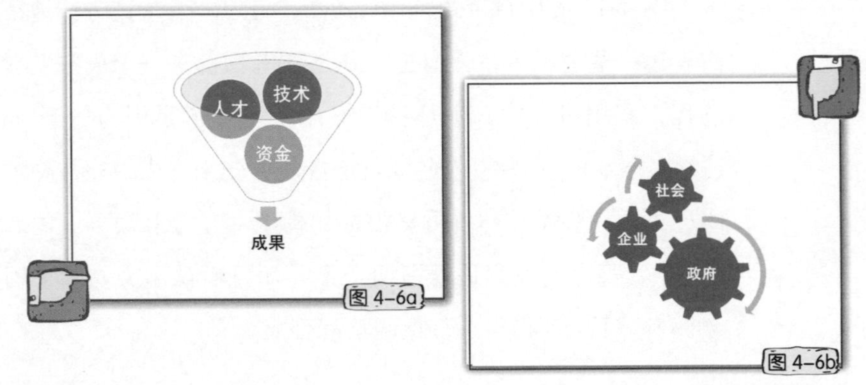

图 4-6a
图 4-6b

使用 smart art 时，还要注意尽量简单，设计和色彩、3D 效果等形式，都要以服务内容为根本原则。不要把图形变成了主角而弱化了要表达的信息。就好比很多大服装设计师挑模特都不挑长得特漂亮的，因为他们怕模特的漂亮脸蛋影响了观众对服装的注意力。smart art 就像大师请来的模特，是用来承载信息的，朴素最好。

第三节 一目了然的趋势图

图4–7，是百事股票价格近年来的走势图。我在图中标出了自己加入和离开百事的时间，还有更换CEO的时间。从这张图上，大家可以得出这样的结论：对于百事，我比CEO都重要！

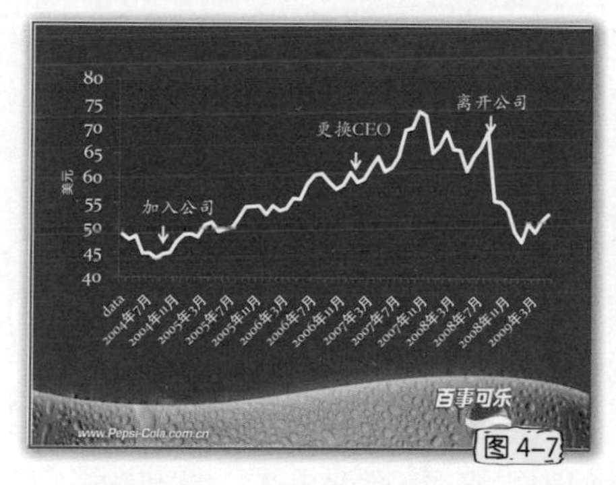

图4–7

这是我最得意的一个玩笑，不时拿出来阿Q一下，放松放松。不过，你一定从里面体会到了趋势图的表现力和说服力。

表现力说的是把事实讲明白的能力，通过趋势图可以让听众更清晰地了解数据的走向，而这个走向反应的是历史数据，或者是实验结果，都是非常客观的，是实实在在的；而说服力是指演讲者通过 PPT 中的趋势图“搞定”听众的能力，讲的是观点，是主观的。这个图并不是结论的充分必要条件，有时候甚至仅仅是一种巧合。

就像图4–7 所示，股票的波动是事实，我加入和离开公司的时间也是事实，但我那个结论可就有待商榷了。所以在表达一个表格时，一定要把客观的事实和主观的结论分开。在给出结论前最好给出充分论证，使得结论更有说服力。

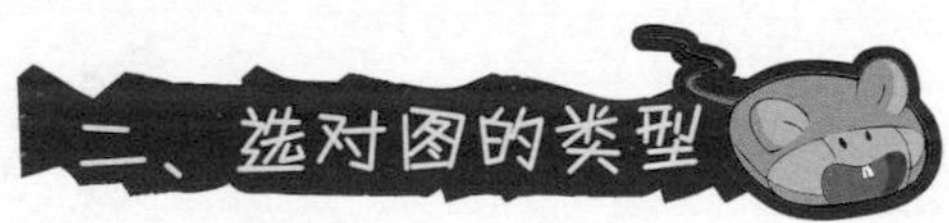

什么时候该用趋势图呢？趋势图讲的是趋势，如果只是 3 ~ 5 个散乱的点是构不成趋势的，还是用表格好。如果数据足够多，又想从它们起伏变化的曲线里说出个道道，就一定要用趋势图。比如产品成本的走势，对手价格的变动，我方销售额的起伏，等等。通过描述这些变化，可以有效地对比数字背后所揭示出来的相对关系。

在 PowerPonit 使用趋势图，应该注意以下几点：

1 火力要集中

一页就放一张图，每张图只说一个问题。有些人说：“我工作可卖力气了。做了很多调查研究，里面好多好多特棒的数据，我都想把他们列出来。”都列出来，没问题，但您不能把听众都噎死，要一口口喂给他们吃。要得把信息归类、拆分，让听众细嚼慢咽才能把信息的营养吸收好。

2 别拽奇怪的火星图

啥叫火星图？火星文您早有耳闻了吧？火星图是我给一些稀奇古怪的图起的外号，就像三角图、雷达图、气泡图等。这些图往往都是一些特定的专业图，内行人一看就明白，外行人咋看都不明白。这主要是因为“火星图”的读图方式和一般的图有所区别，有一些约定俗成的读图方法。这些方法并非人人都掌握。所以如果摸不准听众的底，您还是能不用就不用吧。

要是您非要用火星图的话，就要先教教大家怎么看这个图。比如三角图里的每个点都代表了 3 个组分的百分比，雷达图更关注的是离中心原点的距离，而气泡图里的气泡面积代表了一个数值的大小。您必须先给人交代清楚，才能甩开膀子讲自己的研究成果。

除了这些专业图，比较复杂的立体图、双纵轴图，也最好三思而后用。这些图非常容易拆分，能拆成简单的二维图，能让听众一看就明白。

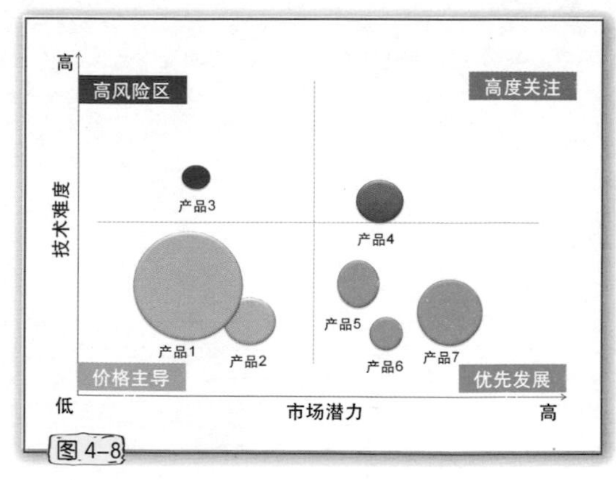

图 4-8

横坐标表示市场潜力的高低，纵坐标表示技术难度的高低，圆圈的大小表示预计的产品销售情况。通过这张图，可以帮助我们筛选未来开发的产品。比如，我们最好选择市场潜力大、技术难度低且产品销售状况好的，在这张图里，产品 7 是最佳的选择。

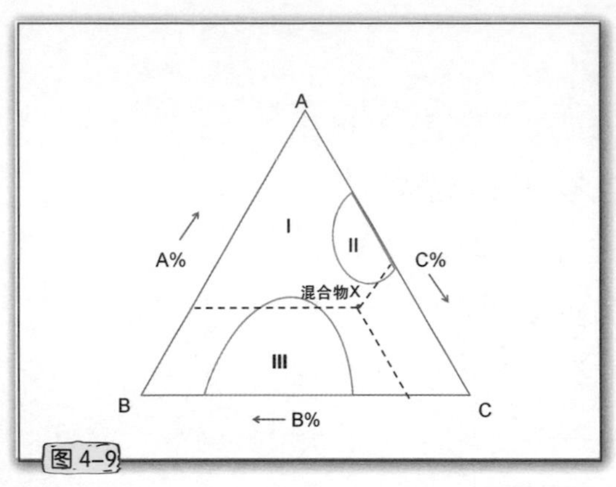

图 4-9

三维相图是物理化学中一种常用的表达形式。这种图过于专业，在这里就简单地介绍一下它的用途，不深究读图的方法了。这种三维相图主要用于表达在一个体系中有三种元素，它们不同比例的配比会有不同的物理化学性质，图 4-9 中，就有三个相：I、II、III。而一种混合物 X，由于它的配比是落在了 I 相中，所以 X 应具有 I 相的性质。这样的图除非是在专业论坛的 PPT 中应用，否则千万别轻易尝试。

雷达图的使用相对多一些。图 4-10 这个雷达图就显示了两种洗涤剂对不同污渍的去污效果。中心点表示完全没有效果而离中心点越远，去除效果越明显。

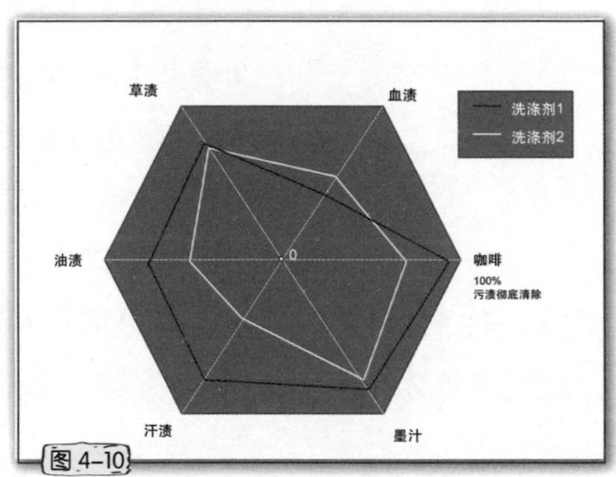

图 4-10

3 选对基本图

比起前面提到的“火星图”，Excel 里的很多种简单图才是我们的最佳选择。这些图的表达方式不同，各自的特点也不一样，归纳如下：

表 4-3

图的种类	表达内容	应用举例
柱状图	比较数值	不同城市平均收入比较
饼状图	关注份额	市场份额
散点图	独立测试数值	科学测试 （往往会添加拟合曲线）
曲线图	趋势	销售额

选择图表类型，要用其所长。只要你选对了类型，就不用担心别人看不懂。

图和画紧密结合，做一个漂亮的图，就像画一幅精美的画。

我在哥本哈根参观了著名的路易斯安那现代艺术博物馆。进去以后只有一个词来形容，就是“晕”。大多数的画在我眼里都是大片大片的颜色堆砌，杂乱无章，根本看不出个所以然。博物馆里95%的画都是一个题目：Untitled（无题）。我唯一“看懂”的一幅画，画的是一个人，结果这个人还是倒挂着。

深谙现代艺术的一位同行同事告诉我，看现代艺术要发挥想象力，要了解这个作者的背景，知道一幅画的创作过程，才能真正理解这里面的门道。而在我看来，这种艺术家要么是清高的，要么就是自私的。他们把自己锁在自己的世界里。哪怕作品展出了，也是用了难解的密码来寻找所谓的真正知音。

做 PPT 不是要搞这种寂寞的现代艺术，要尽可能直接地表达出所要表达的信息。作图的时候，千万要避免这种无题的现代画风格。如果要让你的图更加精美，可以尝试使用中国画的画风。在国画里，即使不是工笔画，就是写意泼墨，观众也能明白画的内容。齐白石的虾、徐悲鸿的马，看似了了几笔，却活灵活现，用简洁体现生动，用特征表达事物。另外，中国画在构图里也强调留白和层次。在 PPT 作图时，底色最好也选择白色。

我万分欣慰地看到在 Office 07 版的 Excel 里，被沿用 10 多年的默认灰色底色终于成了历史，我们终于可以不再去更改那个难看的底色了。在整个图表的设计中，也可以通过颜色、线条的变化加入一些层次。

此外，中国画还讲究一个落款。这个落款可以看做图表里清晰的 x、y 轴，在标注两轴时，要有明确的名字，并且要注明单位。这同样只是一个小细节，但被很多人忽略了，50%以上的 PPT 图不是缺横坐标说明，就是缺纵坐标说明，或者没有标注单位。

做图的另外一个要素是图例，有点像国画里的题诗。建议放在图的核心部位的空白处，既可以节省出大块的地方，把图放得大一些，又可以让图例更接近曲线，更方便读者阅读。

具体来讲，还要注意调整 Excel 图表里的一些默认格式。

1 调整字体、字号、标志符的大小

按照前面讲的原则，调整 Excel 的字体、字号、标识符的大小，清晰可见是基本的衡量标准。很多人在写文字时能够注意这一点，但画图表的时候就忽视了。在字号上，由于受到空间的限制，很难达到 18 号的标准，但也希望您把它放得尽可能大一些，争取选用 14 号以上的字号。

2 调整线条粗细

2.25p 原则，也适用在 Excel 里用做横坐标和纵坐标以及曲线的宽度。坐标网格线可以细一点、颜色可以选择灰色，也可以用虚线，从而体现出层次。

3 修改颜色

颜色要对比鲜明，这个时候可别再玩什么灰色调了，该大红大绿的时候就要浓妆艳抹。在最新版 Excel 07 版里，虽然图表的颜色选择很多，但有些只是利用色彩的灰度来区别，这样的选择是坚决不提倡的。因为这样的色彩，在投影时，尤其是赶上老掉牙的投影仪，往往很难区别。

4 考虑一致性的原则

同一样东西在PPT里反复出现，在图例里标注时，无论是颜色还是图标，都必须始终保持一致。千万别一会儿穿红装一会儿套绿袄。如果这个东东本身就有自己的颜色，就要尽可能利用颜色来帮助表达。比如用红色来表示一个血库的采血量，用绿色代表绿化程度，用蓝色表示自来水的消耗量，等等。

当然，抛开所有的颜色，只用黑白仍然可以做一幅清楚的图。颜色只能用来锦上添花，而绝不能画蛇添足。所有的颜色是为了更好地区分，让听众更容易地接收信息，千万别舍弃清楚的原则而大肆追求花哨的漂亮。

5 调整横、纵坐标的范围，使图的主要内容位于图的核心区域

有时候，Excel好像成心和我们过意不去，坐标轴的数字常常没有很好地表达出实际的意义，比如，100%是最大的可能性，而坐标轴会显示超出100%，在这种情况下要适度调节坐标轴的范围及其表达方式。

6 适当运用一些形状来强调趋势图中的要点

可以配合讲解过程，一个个蹦出来，做成简单的动画形式。

下面，我们看一个趋势图修改前和修改后的效果。

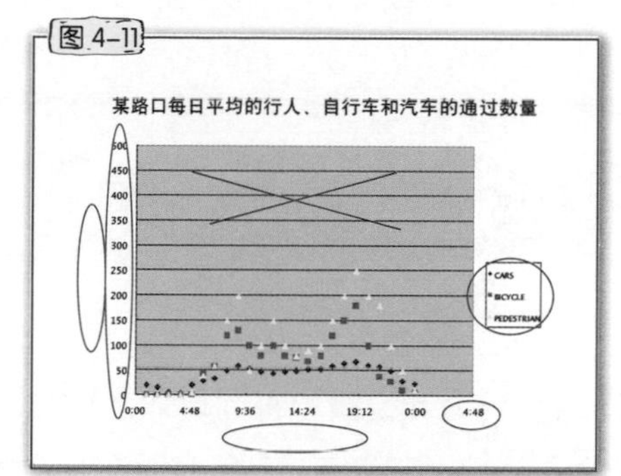

图 4-11

这个趋势图讲的是一个路口在一天中行人、自行车和汽车在不同时间段通过量的统计。修改前的图，如图 4-11 所示，存在很多问题，没有横纵坐标的说明、横坐标与实际情况不符、整个图的曲线在图中的位置不合理，等等。图 4-12 把以上问题修改之后，效果就截然不同了。

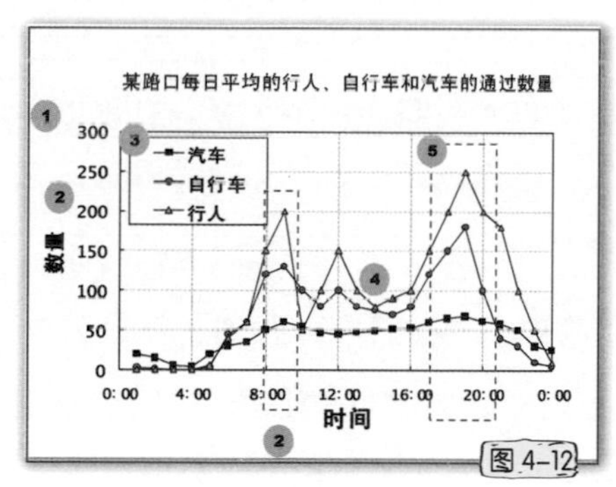

图 4-12

五、讲述趋势图的6步

趋势图的表现力和说服力很好地结合起来，需要演讲者的有效讲解。图做漂亮了，后面解说起来也就水到渠成，不用费太大力气了。同表格的讲解一样，一个趋势图的讲解也要一个流程，而不能一下子跳到结论。具体的步骤如下：

● 介绍这个图的目的和名称："您接下来看到的这幅图是×××。"

● 介绍横、纵座标及单位："它的横坐标是×××，单位是×××，纵坐标是×××，单位是×××。"

● 介绍图例："在这幅图里，黑色的圆圈代表×××，红色的方块代表×××。"

● 介绍趋势："我们可以看到，在过去一年里，A的销售额的变化趋势是×××，B的销售额变化趋势是×××。"

● 强调要点："这些变化中，峰值出现在×××，而谷底出现在×××。"

● 得出结论："据我们分析，这个变化趋势说明了×××，那么我们下一步可以×××。"

以图 4-12 为例，解说的具体步骤和语言如下：

● 这里看到的图是 A 路口汽车、自行车和行人通过量的统计——介绍图的目的和名称。

● 这幅图的横坐标是一天的各个时间，纵坐标是交通工具通过的数量——介绍横纵座标及单位。

● 在这幅图里，方块表示汽车、圆圈表示自行车、三角表示行人——介绍图例。

● 从这幅图里，我们可以看到自行车和行人在一天内出现了两个明显的高峰期，而汽车的通过量在整个白天到晚上，早七点到晚九点，变化都不是很大——介绍趋势。

●（动画显示红色虚框）通过这个统计，我们看到了 A 路口一天内有两个高峰时段，分别是早八点到十点，晚五点到九点——强调要点。

● 所以从 A 路口的交通情况来看，主要高峰人流来自上下班的人群——得到结论。

只要图本身内容清晰，讲明白一个图非常简单。掌握了上面的方法之后，就可以有效地讲述一个趋势图。这就好比把听众的手放在你的手里，牵着他们过马路。你也会发现，在这六步里，有五步都是在说明客观事实，展现趋势图的表现力，只有最后一步说的是观点。但这之间的过渡非常自然，这就说明前面的铺垫做到位了。

但当你作出一个结论的时候，可千万要考虑清楚。有时趋势图就像在下套。比如前文中讲的我与百事股票的例子。一不小心，还真能被唬住。所以，在讲趋势图时，要问问自己，图中的信息是不是结论的充分条件；听别人讲趋势图时，也要多留个心眼，千万别被表面现象所蒙蔽。当然啦，如果您能忽悠住别人，说明您的图做得好。善用趋势图的表现力和说服力，您会成为一个相当有号召力的人。

第四节 画龙必点睛的图片

一、一图值千言

西谚有云， A picture is worth a thousand words.（一图值千言。）一个在报社工作的摄影记者朋友告诉我，照片稿费基本上也是这么算的。用上千个字描述不明白的东东，很可能一张图片就能搞定。

从下面这个小测试中，我们可以看到图片的力量。听众被分为了三组：第一组每人手里拿了一张三层别墅的截面图（见图4-13)；第二组，每人手里拿一段文字的说明，内容是和截面图完全对应的，而第三组手里没有任何材料。读了一遍第二组人手里的文字材料之后，把所有材料收来，给每组一张大纸，不限制他们的表现方式，让大家分组再现他们刚刚听到的内容。

我发现，每次培训的时候，三个组都会不约而同地采用画图的形式来表现。这说明，对于具体事物的信息，大脑是用形象来传递的。三组测试的结果，也充分表明了这个道理：有图片的组明显好于文字组，而文字组也比两手空空组强。从图片组和文字组的比较中不难发现，信息不仅有输入输出，还有翻译、转化和过滤的过程。每一个步骤都会导致信息的变形和流失。从文字再次转化成图片的时候，这其中有很多信息都损失掉了或者被误解了。对具体物件的说明，文字明显劣于直接的图片表达。而第二组和第三组比较的结果，表明多媒体的表达会比单纯的表达方式给人更深刻的印象。所以，PowerPoint 可以辅助我们更好地表达信息。

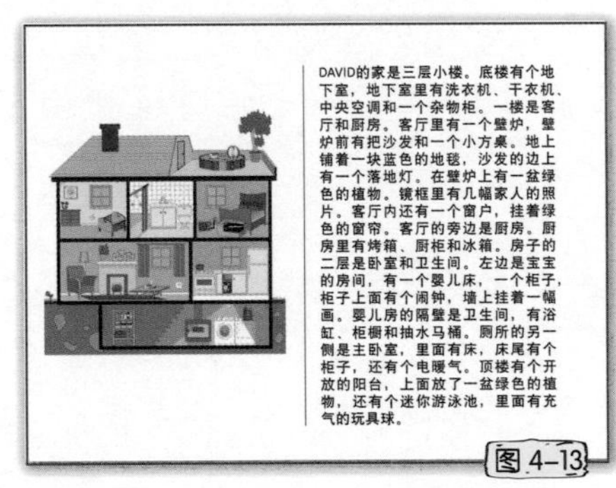

图 4-13

图片可以分为很多种类，我们经常使用的图片有：

1 人像

知名科学家、音乐家、政治家等名人的头像，不像我们在照相馆里的身份证证件照，他们的照片通常都目光如炬，要充分表现出自己的自信和伟岸。介绍伟人的主要成就、主要作品，或者引用名人名言时，加上一个伟人的画像，既形象又生动，可以体现出我们对伟人的尊重和怀念，又增加了说服力。现在的培训类畅销书的封面设计非常懂得这个道理，封面都是清一色的看上去特牛的“大师照”(见图 4-14)。

图 4-14

2 漫画

漫画的特点是变形、夸张，可以更突出要表现的事物特点，还可以提高听众的兴趣、调节气氛。如果你不太会讲笑话，又想玩点幽默感，那么漫画就是最好的选择。好的漫画可以画龙点睛，不仅能帮助表达信息，还可以点到引申的含义。

西方很多经典的系列漫画人物形象早就深入人心，成为文化生活的一部分。比如辛普森、加菲猫等。最近我们不也有了喜羊羊与灰太狼吗？除了这些荒诞的，还有一些符合工作氛围的，比如张小盒等。挑上一篇，开篇、点题都不错。

3 剪贴画

个人比较喜欢剪贴画。剪贴画都是矢量图，放多大图像都不虚。微软提供了很多漂亮的剪贴画，还有细分的风格和系列，三维的比较有时代感，金属色的比较有质感。要尽可能保证剪贴画的风格和PPT的风格协调，一个PPT里的所有剪贴画，风格要保持一致。

4 摄影图片

特指那些出自专业摄影师之手的照片。摄影师们用捕捉美的眼睛，赋予图片不一样的感觉不一样的意义，给人们带来美的视觉冲击。使用这些图片时，要用自己独特的视角来表达更深刻的意义。比如，下面这张图片中，用一个集体诗朗诵的照片来说明“Keep everybody on the same page”（团队保持一致）的含义，就赋予了这张图片一个全新的意义。

图 4-15

这些图片常常起到比喻和双关的作用，让PPT更灵动。在首页以及章节的过渡页使用这种图片，可以让你的PPT更抓眼球。随着互联网的进一步普及，找个漂亮的图片简直太容易了，也有很多商业网站提供专业的图片库。

个人比较常用的是微软的图片库：http://office.microsoft.com/en-us/clipart/default.aspx?ver=12&app=winword.exe，以及中文网站昵图网，www.nipic.com。前者是英文的，后者是中文的。另一个图片来源是通过搜索引擎提供图片搜索，Google或者百度，关键词一输，一按回车，全有了，慢慢挑慢慢选吧。

5 相片

区别于第四种，这是指那些非摄影专业人士拍的照片，分为两种，一种是团队或个人的照片。这些照片可以放在最后的总结页，在结尾感谢参与项目的人员，感谢听众，都可以使用相片。比如，可以把整个团队的照片放在上面，然后用一个对话框出来一个"谢谢"，一方面让听众认识我们辛苦工作的团队，让他们得到大家的赞赏；另一方面代表整个团队感谢听众，让听众体会到项目团队对他们的尊重。

另外一种就是日常生活中抓拍的照片。使用时，要注意剪裁和图片编辑，配上必要说明，说明文字要和内容相得益彰。由于不是专业摄影师，照片的说服力不够突出，所以，对这种照片的使用要十分小心，千万不弄巧成拙。图 4-16 就是我在深圳植物园里拍的。当时大家都在烧香拜佛，结果一个小姑娘就站在香炉前，看上去好像大家都在跪拜她这个菩萨一样。

图 4-16

培训中，我用这张照片说明讲 PPT 时应该站在什么位置，应该有怎样的心态，效果非常好。这样的照片，如果没有合适的说明，表现力就不够强，只有借助说明文字的帮忙，才能让听众领悟到你的 point。

6 壁纸、贺卡

这种图片更适合用来做模板的背景，主题突出，色彩亮丽，非常漂亮。《Merry Xmas and Happy New Year》的 PPT 背景就是一个贺卡；而坚果的会议总结用的是《冰河世纪》的一张壁纸。使用壁纸或者贺卡时，不要影响文字的配色，也别让过于花哨的模板抢走了观众的注意力。

7 期刊封面

一些知名期刊的封面，如《时代周刊》、《财富》等杂志的封面，经常会被引用，作为说明问题的论据，因为它们是诠释热点问题的权威。如果这些热点和你报告的内容有关联，就可以使用这些期刊的封面，包括封面上的故事，都可以用。

比如，2009 年 8 月 10 日《时代周刊》的封面图片是一个大熊猫在给一个地球仪塑料充气玩具打气，封面故事的题目是——《中国能否救世界》，讲中国的经济复苏能否带动整个世界走出金融危机。这幅图被频频引用在中国的各种经济报道中。如果你的 PPT 报告是讲经济的，就完全可以用在你的 PPT 中（见图 4–17）。

图 4–17

8 平面广告、电影海报

这两种图片主题突出、大众关注度高，可以用他们来表达一些特别的感觉。我经常借用汇丰银行那一系列“Your point of view”来说明不同的人对待同一事物的观点会不一样，所以，争议是合理的，大家要相互理解。

图 4-18

三、图片是信息的好助手

原则上来讲，一个 PPT 里任何可以形象化的东西，都可以配上图画，让图片成为信息的好伴侣。但是，使用图片，要注意下面几个问题。

1 “可以形象化的东西”，不单单是指某样东西，还可以是某种感情

实在的物体可以真实化，虚的感觉也可以现实化。比如，《当幸福来敲门》是我非常喜欢的一个电影，它的海报（见图 4-19），

父子间的那种默契，加上背后透出来的一缕阳光，让我们的心酸楚之余感到希望的美丽。阳光与希望，多么好的组合呀！

图 4-19

哈佛大学 Zaltman 教授，发明了一种叫 ZMET（Zaltman Metaphor Elicitation Technique）的方法，专门利用图片把感情形象化，通过这种办法来挖掘消费者内心很难用语言描述的真实想法，进行市场调查。这种方法会让参加调查的消费者用图片来表达他们的心情。在 PPT 里，也可以用一些很有意境的图片来表达我们的心情。

2 “配上画”，不是“全部图片化”

如前所述，我们反对全部图片化。全部图片化，是希望用图片来代替其他的表达方式。然而图片不是万能的，很多种信息是无法用图片表达清楚的。而“配上画”，是发挥图片形象的长处，用图来辅助信息形象化，帮助听众加深理解。

在一页 PPT 里，想看图片是不是用对了，要看这一页里是不是有简单完整句。如果有句子，图就是“配上”的，基本上是对的；如果没有完整句，而只有几个词，可就犯了过度图片化的错误了。

那么，在什么情况下可以使用图片，或者说，图片的功能是什么呢？

3 点题和美观

用于首页、章节页以及引导听众的图片，不是PPT的主角，主要内容用文字来传达，图片的主要作用是烘托。选用的图片，要强调意境，让图片能够把内容的意思有效地、更直接地表达出来，起到锦上添花的作用。这种做法在以“忽悠”著称的市场部用得最广，市场部的PPT以花哨著称，来源于此。市场部的PPT的一大特点就是图片多，尤其是一些表达人内心感受的图片，能够起到很好的渲染效果。

图4-20这个例子是我的得意作品之一。这是一个很大的项目，结果也非常好，老板到我办公室，说：“我们的结果很不错，但是大老板们却很难理解到我们背后的辛勤的工作。你想个什么办法，让他们能够体会到我们的工作量和项目难度。”30分钟后，我给老板发了下面这个PPT。

图4-20

这页PPT里，我用的是著名摄影家Ralph Clevenger创作的《海上冰山》。这幅冰山图被广泛地用来诠释大和小的关系，尤其是小事件后面隐藏着大道理，因为常见，所以普通。我却从另一个角度，推陈出新。这幅画起的题目是：大想法，小行动，意指我们在做这个项目时，脑海里有很清醒的全局图象，在行动中注重细节的处理。并且，用文字来阐述这个意思：当别人在欣赏蓝天映衬下美丽的冰山的时候，我们的团队就像这海水，撑起了这个项目。

通过这个从未被关注的海水浮力，生动展现了我们的团结合作，体现了工作的结果背后巨大的工作量，尤其强调团队花了大量的心思对项目中不被关注的细节的处理，同时更体现出了大家默默无闻的辛苦工作。这样一幅图，跟漂亮的数据报告一起发到大老板手中，领导们充分地明白了我们的努力，给于很高的赞赏，立即拍板，腐败一顿，开个庆功会。

4 提高观众的兴趣

有人说，幽默是一种奢侈品，我觉得它是一种生活态度，是人际关系的缓冲剂。那些经常被我们 E-mail 群发的有趣图片，可以帮助拉近和听众的距离。但是，这种图片要点到为止，最好是冷幽默。图片不能太复杂，强调简单明确、趣味性强。

有人顾虑，放上这样的图不严肃，有悖于专业精神。其实幽默和专业精神并不矛盾。但要注意，幽默不能打断原有的节奏，更不能低级趣味。

职场感悟

一个培训师到我从前工作的公司去做培训，就选用了一张与性有关的幽默图片。他自己认为这种做法很有趣，但实际上是非常不恰当的，是对听众和公司的极大不尊重。平时在公司里说话办事，有几条红线不能触及：(1) 性；(2) 种族和地域歧视；(3) 民族问题；(4) 宗教问题。

美国人对于这些红线比谁都敏感，但也有他们特别的幽默。对于他们的总统，他们却可以任由全世界人民拿来开玩笑。在一个公司内部国际会议上的PPT里，我就用了这种美式的幽默，如图 4–21 所示。

图 4–21

用姚明和大鲨鱼来代表从竞争对手那里学习，用查韦斯和卡斯特罗来代表向朋友学习，而用布什和猩猩来表示向其他类别学习。请注意我使用这张图片的场合：一是在美国公司；二是公司内部会议。这种幽默是有适合它的土壤的。就像前面讲的，PPT 一定要注意文化差异，使用图片时，也要把听众的文化背景差异考虑进去。

5 说明一些高深的问题和概念

用图来说明概念是一个有难度却非常有效果的方法。我比较多地使用这个方法的初衷有些可笑——在美国时，嘴上说不明白，只好借助图的帮助。熟练之后，发现这个方法超级好用。现在，能说明白的，也会先想办法用图片方式说得更明白、更生动。也就是说，把自己想说的内容，用图片来比方，给听众搭台阶，把一些不好懂的东西比喻成听众熟悉的，了解了难懂的特点后再融会贯通。

PPT包含的信息量相对比较大，又往往是听众头一次接触的内容。哪怕是行业里的专家，或者是公司的上层领导，对于这种具体的工作细节和概念也往往没有演讲者本身把握得深、把握得透彻。遇到一些具体概念时，画个图，或者插一个图片，让图片来帮帮忙解释，事半功倍。

这种方法是科技型PPT活起来的灵丹妙药。技术型PPT是公认的最难做而枯燥的。但下面几个运用图片非常好的例子，一定会让你改变这种看法。

统计学中常用一种方法，叫最小二乘法。简单说来，这种方法是一种数学优化技术，它通过最小化误差的平方和找到一组数据的最佳函数匹配。这么复杂的概念，就是数学家也不一定马上明白。为了形象地表述这个方法，在演讲过程中，我用一个社区修路的图片来表述这个概念（见图4-22）。

图4-22a

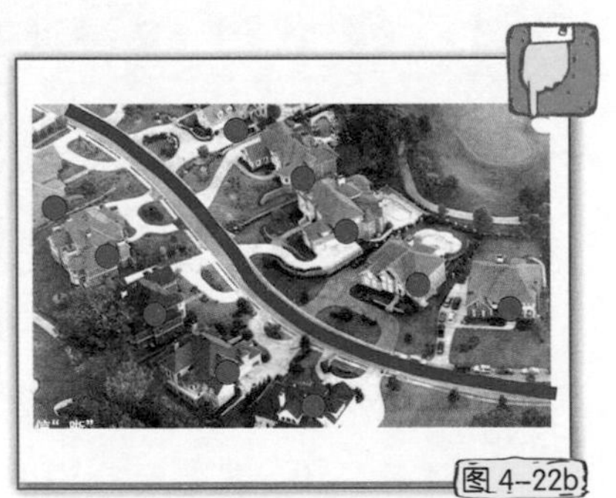

图4-22b

图 4–22 是一个社区，上面有道路和一些房子，如果在房子之间修一条路，而且到每个房子的距离和最短，就要把房子的位置当成数据点，把小路当成一条线。这些点和线，就把最小二乘形象地展现了出来。虽然没看任何的数学公式，也很容易明白最小二乘法，最后达到一个什么样的效果。

研究生毕业设计项目的题目是“通过折射率来研究加入纳米级碳黑后，高分子膜拉伸中的取向程度”。晕了没？这个题目有个特点，外行人听上去觉得很费解，很多内行人又觉得太简单。外行人之所以觉得费解，是因为“取向程度”等专业术语很难理解。而内行人又会觉得折射率的方法过于传统和简单。我的答辩要想成功，就要告诉内行人深度是什么，又要给外行人讲明白。这是个相当大的挑战，我采用了如图 4–23 的一套图片来表达。

图 4–23

第一张是一根筷子插入水杯，筷子在水面上“折断”了，表明对于一个透明介质来说，折射率的现象是很容易观察，也很容易测量的。第二张图，同样的筷子和水杯，但水被换成了果汁，就看不到筷子“被折断”的现象，这说明，到了不透明的东西里，折射率的现象就不那么容易被观察。即使这种介质是相对均一的，也对测量提出了很大的挑战。第三张图是一个血柚的截面图，上面是果肉组织的结构，说明这种有微观结构的不透明介质的折射率就更难测量了。而我们所要处理的含有碳黑的高分子膜，恰恰是这样一种多相的、有微观结构的组织。通过一系列图片，我说服了专家，这样的研究具有相当大难度，别说是硕士，就是一个博士难度也够。如果科学都可以这样生动讲述的话，其他的内容还怕说不明白吗？

6 解释结论

前面讲，结论要用文字来表达，怎么又扯上图片了呢？因为，一句话的结论别人一下子接受不了，事先要有个铺垫或加一个解释，这时，就需要打比方的图片上场了。

我毕业论文的结论是，在同样的拉伸条件下，含有碳黑的高分子膜，它的取向程度比没有含有碳黑的要低，如果要达到相同的取向度，就要提高拉伸比例。这个结论是我折腾了两年的实验得出来的，要让听众了解不是一件容易的事。

为了能够更直观，更清晰地表达这个意思，我又做了三幅示意图。把高分子膜的拉伸比喻成了在河道里运输原木，把加在里面的碳黑比喻成河道里的石头，如图 4-24 所示。

第一幅图，是在一个笔直的平静的河道里，从上流向下流输送木材，这些原木是很容易顺着河道取向的，对应没有加碳黑的高分子膜，高分子容易沿着拉伸方向取向。

第二幅图，画的是同样的河，同样的原木，同样的水流量。但是，河里有大大小小的石头。原木总的取向趋势还是顺着河道排列，就不像没有石头时取向度那么高。

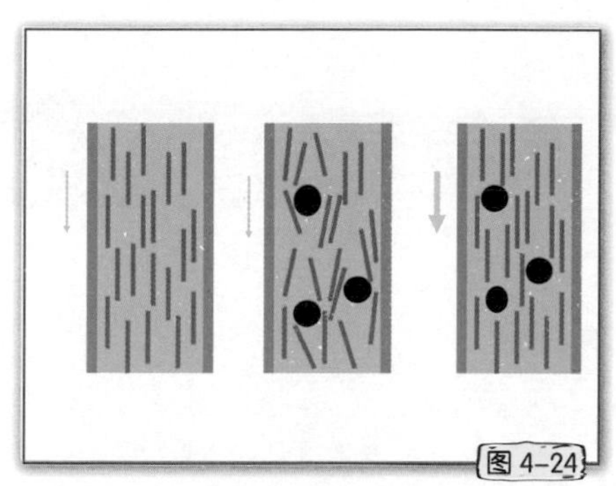
图 4-24

换句话说，如果我们的高分子膜里加了碳黑（石头），同样的拉伸强度（水流量），取向度的下降就很好理解了。图 4-24 的右边一幅图，我们在同样有石头的河道里，加大了水流，这样就可以有效地提高取向度，用来对应我们要提高拉伸强度来提高含碳黑的高分子膜取向度的问题。这样，通过三幅图有效满足了听众的需求，表达了信息。

这种用图片把抽象内容具象化的方法，就像化学反应的催化剂。使用催化剂不是要改变最终的产品，而是降低得到最终产品需要消耗的能量，要加速这个转换过程。使用图片也不是为了误导听众，而是要通过这些图片降低听众理解复杂概念的难度，让他们更快地抓住要点。

这两种方法也是工程技术人员让自己的 PPT 活起来的法宝。我常常听到很多人抱怨科学技术的 PPT 不好懂，很枯燥。其实，只要有效表达，选择一个好的表达方式，科学不应该是枯燥的，应该是充满乐趣的，PPT 提供了这样的一个平台。

明确用什么样的图片以及什么时候用图片之后，就来看看怎么用图片。编辑和摆放图片也有一些小技巧。

1 图片要有的放矢

使用图片一定要有目的，不能追求花里胡哨。在同一页幻灯片里不要堆放很多的图片，当然不能强行规定每一页只有一幅图，但如果是多幅图的话请务必是围绕同一观点，说明同一问题，有同一个线索。

如图 4–25，我选择了 3 幅图来告诉听众我的培训的针对人群，用两个细细的带斜杠的红圈，显示出了我们不做什么。为什么要把圈画得这么细呢？就是要让大家能够看清楚背后的图。

图 4–25

2 图片大小要合适

既然要插入图，就别抠抠索索的。在保证文字等其他信息足够清楚的前提下，图片的尺寸要尽可能大。需要强调图片细节时，要采用放大镜一样的方法，把局部放大。如果图片有多余的部分，要进行剪裁。

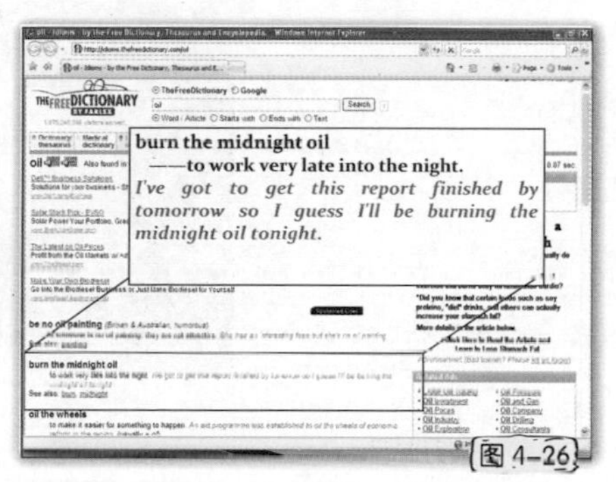

图 4-26

3 图片位置因作用而异

如果图片是主要内容，就要放在中间；次要内容，就要放在角上。图文混排时，由于图片由很多颜色组成，极容易把文字淹没。文字的颜色非常重要，有两种办法：(1) 把文字和图片分开；(2) 文字放在图片中相对颜色单一的部分，切忌把文字放在纷繁复杂的图片里。

图 4-27 有大片的单色，可以把这个图片拉得很大，然后充分利用这个单色部分写上文字。

图 4-27

如图 4-28，图片本身没有大片的单色，就让图片和文字泾渭分明，千万不要让图片给文字添乱。

图 4-28

图 4-29

图 4-29 是一个真实的反例，只不过把具体的文字内容删除了，光这个构图就让人觉得堵得慌。

图片真的是 PPT 的好伴侣——它是伟大的讲解员，是快乐的增强剂，更是个人风格的有力表现。把握了前面这几个关键点，用起图片来一定会得心应手，越用越爱它。多放些图来美化 PPT，降低理解的难度，增加点幽默的亮点，善待图片，用好图片，你的 PPT 一定倍加精彩！

第五节 存在必精彩的动画

对 PPT 里的动画，基本上有两种观点：爱死它和恨死它。一方面，它让 PPT 变得很生动，给大家无限的想象空间；另一方面，插入了很多令人眼花缭乱的动画，却没有很好地把核心信息表达出来，效果并不好。于是，在这爱恨交加中，形成了两种极端。

第一种，是动画满天飞：每一页里每行字都有动画，更有甚者，有的制作者恨不得每个词都像孙悟空从天边以各种跟头翻进来，搞得人头昏眼花，很容易使听众分散注意力，打乱了原有的节奏。演讲是为了传达信息，而不是为了展示 PPT 软件的功能。

第二种制作者，则陷入了另一种极端，干脆不用任何动画。这种因噎废食的做法也同样不聪明。缺少了动画，就像砍断了PPT 的一个翅膀，有些问题说不清楚，也会使听众觉得枯燥乏味。乱加动画与不加动画这两种极端都是不可取的。

作为一种多媒体表现艺术，动画用好了，会大大提升PPT的表现力。插入动画，并不意味着可以动画满天飞、乱加动画、滥用以及错用动画。帮朋友修改PPT时，通常第一步做的就是删除所有动画，因为大多数PPT中，90%的动画是没有必要的，而10%是有必要但用错了的。很多朋友看见我大刀阔斧删动画，心都在流血。那么，什么时候该插入动画？怎么插入才能达到预期效果呢？

好好地看一下PPT里所提供的动画的选择，一共有四大类：Entrance（进入）、Exit（消失）、Motion（移动）、Path（路径）。这四种功能可以分成两部分，一部分是用来强调，主要使用的是进入类强调类动画效果；另外三类消失、移动、路径类的动画效果，是用来讲过程的。下面分别论述其使用方法。

1 强调要点

用动画来强调被普遍运用在PPT的制作中，效果还不错。比如，用一些图框来勾勒重点，讲到某个重点时，点一下鼠标，对话框就会跳出来呼应。

使用动画进行强调时，一定要注意几个常见的错误。

(1) 复杂至极

有些人把这种本来起修饰强调的技巧，搞得过于复杂，以至于本末倒置，影响了表达力。比如，一个对话框要从东边飞进来，在页面上绕三圈，才落到该在的位置，让人眼花缭乱，其实根本没必要。

(2) 蹦字动画

“蹦字”动画很恐怖，如果不是纯粹的幻灯展示（没有讲解），而是在演讲发言过程中使用的幻灯片，请您彻底放弃这种方法。尤其不要使用“打字”那种冗长繁琐的动画效果。

(3) 慢动作

设定动画速度时，除非“情景需要”，尽量不要采用慢动作。慢动作会耽误很多时间，会打断演讲的节奏和气氛。就好像马拉松跑步，运动员一旦步子慢了半拍，就再也找不回原来的节奏，很难跟上前面的梯队了。

用动画强调有一个小技巧，希望引起注意。在用图形框强调的时候，只用“显示”和“消失”两种动画，顶多再加上它俩的组合就够了，别的动画几乎没有必要。

前后对比也是强调的一种。通常要综合使用一系列的动画效果，比如颜色的变化与出现、消失效果的组合。在图4-30这个例子中，PowerPointlessness通过一系列变化，变成了PowerPoint。其中，Power采取了变色的动画加以强调，lessness通过消失的动画去掉，用了一个横线出现的动画来删除文中的“no”。一系列的组合动画一起完成，生动体现了如何把PowerPointlessness的PPT变成PowerPoint。

图 4-30a

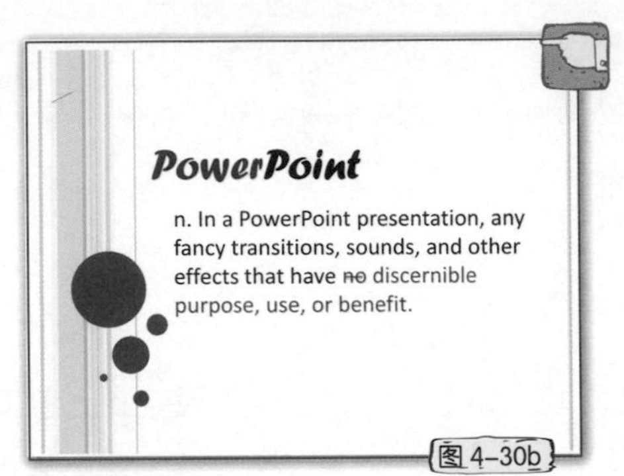

图 4-30b

强调的动画比较简单，在日常 PPT 制作中，使用频率非常高，能占到 PPT 动画的80%，而且是最基础的 80%。

2 展示过程

用动画来展示过程，是 PPT 中动画的精华。一个清楚生动的动画，可以在演讲中给人极为深刻的印象，达到画龙点睛的效果。这种动画和 Flash 效果非常接近，可以通过生动的动画来描述复杂的过程。

(1) 用动画来展示一个包括流程的定义

动画可以用来展示一个被定义的流程。这种流程往往用语言描述起来很复杂，要么牵扯到的概念名词多，要么是一个包含了很多变量的公式，要么是过程头绪过多。演讲时，很难讲明白，更难让听众一下子理解。而简单的动画，可以把抽象的过程形象化，把复杂的公式简单化，一步一步展示全过程。

举个例子来说，Bootstrap是一个统计学方法。bootstrap这个单词，一般把它翻译成鞋带，其实并不准确，它是指靴子后面用来帮助穿鞋的带子，如图4-31所示，用红圈圈出来的那一部分。中文怎么说，还真不知道。

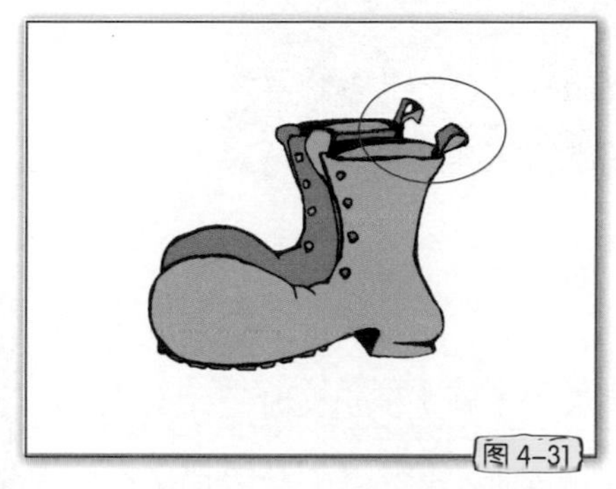

图4-31

英文里有个谚语，叫Lift oneself by ones bootstrap（自己用鞋带把自己拉起来），类似中文里说揪着头发把自己拔起来。中国人一般认为荒诞，是文学作品里的夸张写法，用来形容不切实际的想法或举动。但在英文里，这句话有个很正面的引申意义，意指通过自己的努力而不利用外界的帮助来获得成功。

一位美国统计学家，Bradley Efron，把这句话发挥到一个极致。1979年，他发明了一种基于电脑计算的统计方法。这种方法可以通过一组数据点来模拟多次的重复测量，从而得到测量误差的估计。这种方法大大简化了实验，节约了测试的时间和成本。由于误差是通过一次测试得出来的，而没有借助别的数据，他把这种新的方法命名为了Bootstrap。现在这种方法在各个领域都有非常广泛的应用。

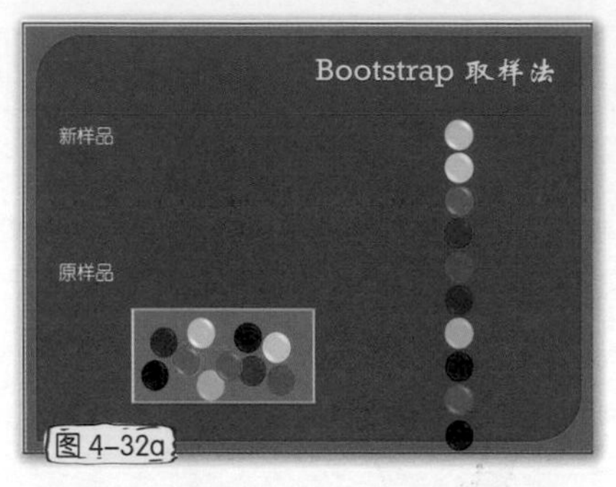

图 4-32a

这个方法里有一个很关键的取样过程，用文字要这样描述："从原始数据中，重复用 Bootstrap 的方法选取可重复的数据 N 个。在 Bootstrap 的选样中，其中一些数据可能被多次选取，还可能有一些数据被排除。这样产生一组和原始数据一样多样本的新的 Bootstrap 数据组。"

你猜我第一次看到这个定义时是什么反应？一个字："晕。"要得想个办法把这概念给人家捣腾明白，我灵机一动，设计了一个动画（见图 4-32）。

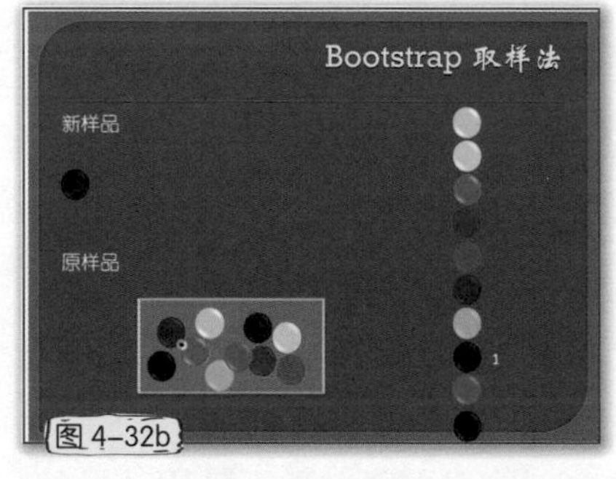

图 4-32b

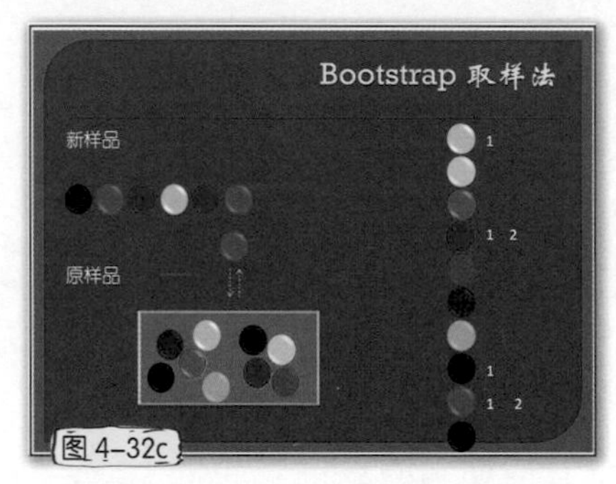

图 4-32c

在这个动画里，有一个装了 10 个样品的筐。这 10 个样品用不同的颜色表示。在第一次取样时，我们随机从中选取一个样品，如图 4-32b 所示，选中了蓝色的，在新样品组里，就出现了一个蓝色的数据点。再次选取，选到了一个白色的，新样品组里，又有了一个白色的点，再放回原数据组。

这样反复进行 10 次。因为所有的数据在选取后都被放回样品组中，就会产生有些样品被重复，甚至多次重复选取，而有些样品则从未被选取过。这样产生的一组新样品叫做一次 Bootstrap 选样。通过这样一个生动的动画，就把原来很难懂的过程说明白了。

但是，动画只是一个展示，也有很多不严谨的地方。这个例子中，使用这个原理的时候要求数据点足够多，动画只示意性地设置了 10 个，显然没有满足这个要求。我们把它简化，讲它的基本原理，给听众解释难点和重点。在听众理解重点难点之后，演讲者要把其中的道理补充一下。

(2) 动画还可以把复杂的关系清晰化

复杂的关系需要抽丝剥茧，让思路清楚呈现。图 4-33a，是我对一个工艺的总结。看上去比纽约地铁路线还复杂。可不能这样拿出来吓人，要一步一步告诉听众里面的路线图。

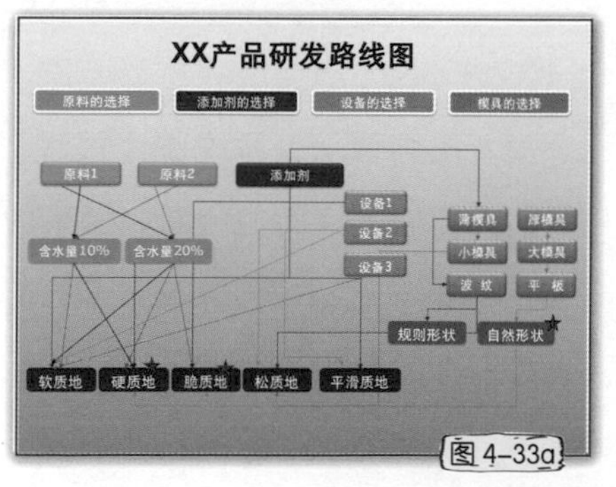

图 4-33a

图的上半部分是使用的方法，下半部分是想达到的目的，每种方法对应不同的目的，同样一个目的可以通过各种手段达成。运用动画，从手段出发，一个个地看它们能创造的结果，这是展示的第一个层次。再反过来，要给听众讲清楚，如果想要这几种结果的组合，应该如何按图索骥找到实现的手段，如图 4–33b 所示。这个纷繁复杂的过程，“仅”由无数个出现、消失组成的动画，就非常明白地展现出来了。

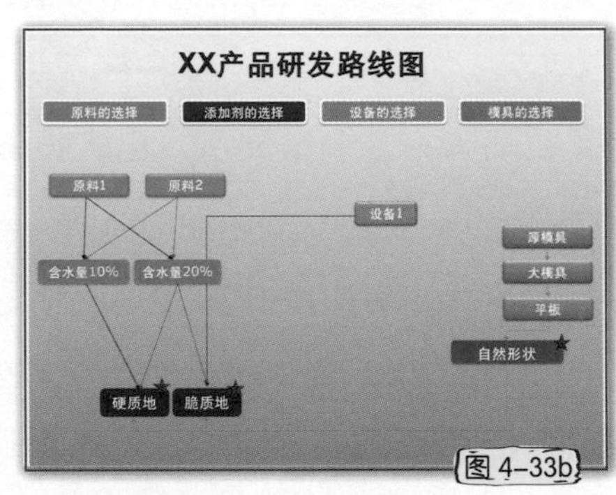

图 4–33b

(3) 帮助了解一个加工过程

您一定看过电视上播放的载人飞船发射过程，从火箭点火，到进入太空，再一步步进入轨道，都是用动画来展示的。工程技术人员的加工过程，完全可以利用动画的形式，形象生动地展现出来。图 4–34，就非常清楚明白地展现了啤酒瓶的清洗过程。

随着动画展示，解说整个过程。首先是啤酒瓶进入预洗槽，清洗掉瓶子表面的污垢。槽里的温度是 50 度左右，用没有加任何化学试剂的自来水。第二步，是碱槽，加了大量的火碱等清洗剂，pH 值上升到 12 左右，温度上升到 80 度以上。

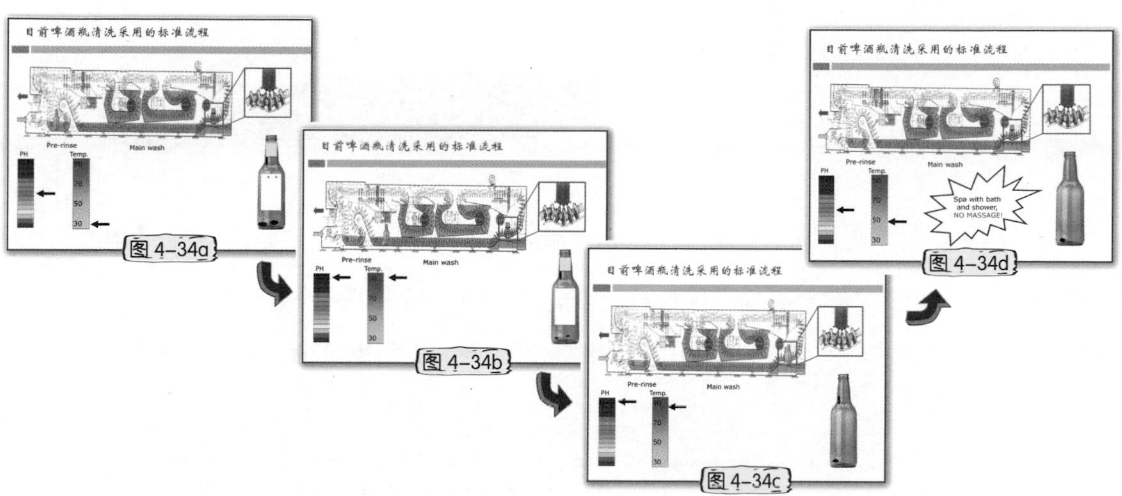

图4-34a 图4-34b 图4-34c 图4-34d

火碱和铝在高温的水溶液里能起反应，把啤酒瓶上的铝箔反应掉。瓶了里面的污垢，比如霉斑也会在这个过程中大大减少。这个过程结束后，啤酒瓶通过一系列喷头，纸制的商标纸被冲掉。再经过几个由里到外的冲洗过程，进一步去除霉斑，冲走残留的火碱，并且逐步降低温度。最后一步，洗好的瓶子离开洗瓶机，进入灌装程序。

这样一个复杂的过程，通过一个简单动画，就可以表述得既生动又形象。这个过程要是光用嘴说，你可能理解 50%，但加了动画你就理解 80%，剩下 20%的信息还是要到实地去看。对于大多数没有机会去厂里参观，或者没有必要了解更多细节的人，这 80%的信息也就足够了。

怎么做这样一个传神的动画呢？奥秘不是如何做，而是在如何想。几乎每一个伴随PPT 成长起来的人，都会让文字图片动起来。但利用动画来讲一个好的故事，却的确要下一番工夫的。以上面那个啤酒瓶清洗的动画为例，我们来讨论一下如何做出这样一个动画。

首先要明确，要说明什么。啤酒瓶清洗，关注的是各个步骤里洗涤条件的变化，比如温度和碱度。这两样最好的表达方式就是温度计和 PH 比色卡。另外一个要素，要考虑如何表达洗涤效果。我找了一个干净啤酒瓶的剪贴画，在上面用了几个简单的图形来表示各种要洗的东西。虽然都是示意性的，但听众都能明白。最后，还需要在洗瓶机的结构图里标出酒瓶的位置。把想要表达的东西，找到适合的动画形式，就构成了这个故事的雏形。

动画实施方面，要把动作和真实情况结合起来。

具体步骤如下：

(1) 选择合适的动画类型

最常用的 PPT 动画效果有三种：出现，消失和移动。将这三种形式排列组合，可以完成90%以上的过程动画效果。比如，表现温度的变化，我选择了指针的移动。啤酒瓶在洗瓶机里的运动，本来也可以采用移动的方法，但为了简化，只简单地采用了出现和消失的组合，也达到了应有的效果。为了模拟一些特殊的真实情况，选用其他类型的动画。啤酒瓶清洗中脱铝标的过程，是一个化学反应，用了一个逐步溶解的动画来表示。为了展示酶斑缩小的过程，我选用了一个缩小的动画。

(2) 选择如何排列

PPT有很灵活的时间组合，方式主要有点击鼠标显示，与前一动画一起出现，在前一动画完成后出现，等等。将之组合，还可以添加时间间隔，比如，前一动作完成10秒钟后，后一动作才开始。这样的灵活组合，为演讲提供了很大方便，可以根据情况和要讲解的内容，通过鼠标和动画的排列组合来控制节奏。

在啤酒瓶清洗的讲解中，我要求每点一次鼠标，就完成一个阶段。在每一个阶段里，先是在洗瓶机里，示意的啤酒瓶到达指定位置，接着温度和PH值显示变化，随后显示清洁效果。其顺序首先是上一步的洗瓶机里的示意啤酒瓶消失，同时，新位置啤酒瓶出现；这一步完成后，紧接着表示温度和pH值的箭头移动。接着是大啤酒瓶上产生变化，示意污渍的去除。这些动作只对应了一次鼠标点击。

制作PPT动画，一半是思维，一半是技巧。技巧是很容易学的，关键是要养成思考的习惯。这种习惯和前面讲的用讲故事的方法来贯穿幻灯片是一个道理，都需要培养，是一个日积月累的过程。

翻页不必翻跟头

翻页的设计也有一定的技巧。新版PPT软件里，专门强调了这项功能。实际使用中，我认为，这个翻页的设计和动画的设计有类似要求——强调简单，也就是说，不需要翻页效果时就不要用。那么，什么时候用翻页效果呢？

1 章节之间的过渡

前面提到过用颜色和图片来引导章节过渡页，这里又有了一个新手段，就是用翻页的动画。这样可以提示听众内容过渡到了新的一章。选择翻页时也不要挑太复杂的，每章的第一页都向一个方向动就可以了。

2 插入说明或故事

好比电影里的闪回，需要提醒观众，这是在插入说明或者故事。动画可以提供一个特别的效果，让观众注意到这种变化。比如，我们要插入交代一下背景或者解释一个概念的时候就可以用这个办法。

但上面讲的这两种情况，动画设计都不宜太慢，以免影响节奏。

大胆Show出PPT

第一节 良好的开场白是成功演讲的一半

一、小变化让开场白更精彩

精美的PPT做好了，formal的套装穿上了，就等掌声了吧？等等，先别急，你想好怎么说开场白了吗？开场白的分量很重，因为它是帮你唤醒昏昏欲睡的听众的法宝，告诉大家："醒醒，好东西等着你呢！"

用套路的开场白，很简单："大家好，我是李治，我今天的题目是×××。"对于这一套，就像我们回答"How are you?"时，马上就反应出"Fine，thank you. And you?"一样，听众一点都不感兴趣。

哪怕就是这个简单的开场白，只需稍微变换一下，就可以多唤醒几个人。方法很简单：先卖官司，介绍题目，然后再自我介绍："今天我的题目是×××（要停顿一下，看看大家对雷人标题的反响），大家好，我是李治。"

把名字放在后面讲，是因为别人可能不会记住你的名字，但很可能记住你的工作。如果标题或者工作内容特别有趣，尤其是当我们用上了雷人的标题以后，就用这醒目的题目来冲击别人的第一听觉。这是我在美国上学的时候和一个 MBA 学的。虽然只是简单颠倒一下顺序，别人就会觉得很特别，会竖起耳朵，给你多一些关注的。

二、开场白有诀窍

开场白，也能张扬你的个性。出彩的开场白能够创造一种无形的气场，把大家的心牢牢吸引住，让听众感觉到他们是这场 presentation 中的参与者，拉近听众和你之间的距离。一个精彩的开场白，可以从以下几个方面开始。

1 提问下套法

就是用问题引发大家的思考，然后引出主题。问号就像一个大钩子，能把听众的注意力拉过来。帮一个朋友修改过一个关于社会责任的 PPT。这个 PPT 的第一页就是一个问题："他做错了什么？"问题后面，是一幅大大的三鹿集团负责人在新闻发布会上鞠躬的照片，听众就会想起了三鹿奶粉事件，从而引出 PPT 的主题：社会责任。

2 挖坑灌水法

所谓"挖坑灌水"就是在开场时，用一定的方法，让听众摸不着头脑。也可以说，这是故弄玄虚，请君入瓮。比如，在演讲开始时，请大家一起做个小游戏。这个游戏很简单，就是用头来在空中划一个"凤"繁体字（见图 5-1）。

图 5-1

听众在用头写的时候，告诉人家："这是一个中国传统医学中保护颈椎的方法，大家开了半天会，累了，先活动一下。"大家都动了起来之后，接着说："希望大家能用这样的方法给我反馈。如果我讲的不对，请你用头划短横（摇头），批评指正；如果我讲的在理，请您写这四个点（点头）。我不希望看到大家写凤字头，说明您没有留心我在讲什么。"大家都笑了，把注意力集中到了我的话题上。

3 套近乎法

小品《不差钱》里，赵本山、小沈阳等三个人，都用"我姥爷也姓毕"的方法跟毕福剑套近乎，虽然有些滑稽，但是，毕竟达到了他们的目的。跟你的听众也可以尝试一下这种方法，跟你的听众套近乎。

作为客户服务人员，在菲律宾的一个客户见面会上介绍产品，我的开场白是这样说的：

> “这是我第二次来到菲律宾，上次也是住的这家香格里拉。上次来给我印象最深的是，早餐时居然在餐厅的门口排了长长的队。这是我在其他旅馆从没有见到过的。我就纳闷，这个餐厅怎么有这么大的魅力，让这些忙忙碌碌的商务人士就在这里心甘情愿地等个早餐而且没有任何抱怨呢？等我吃了早饭才明白，这里的早餐绝对是世界上五星级饭店里最好的，而且服务也是最贴心的。所以，我在这里要说的是，我们公司的产品是相当出色的，我们的客户服务力量也是最雄厚的，但是因为我们每天都要接待很多客户，安排很多测试，可能有的时候需要您能够等候一下。所以我希望您能理解，我们也保证您的等候是物有所值的。”

通过对他们饭店早餐的赞美，一下子拉近了听众和我们的距离，建立了一个相互理解的良好氛围。

4 双关法

这个跟我们所说的双关的主标题可谓异曲同工，还是从案例说起。我有一次在一个公司内部的会议上做演讲，当时是我加入公司后的第一次演讲，所以，在开场白部分，我对自己做了一个简单的介绍。

这个公司的代表色是绿色，我说："我刚刚来到这个公司，对业务还不是很熟悉，还是 Green hand （新手）。但我发现 Green hand 在这个公司并不是什么坏事，因为绿色就是公司的颜色。希望明年再次来到这个会上发言的时候，大家在给我看手相的时候，能够发现这个 Green hand 上有个公司标志样的指纹。"一段生动的动画，让这个开场白展现出我是一个对公司和工作充满热爱的新人。

图 5-2

5 笑话法

在培训一个非常严肃话题职业道德时，题目是"职场危机处理——职场里犯了错怎么办"，用一个笑话讨了个非常精彩的开场白。我截了郭德纲、于谦的一段相声视频，在演讲开始之前，先播放这个视频。

郭德纲：一来就接了个好活儿，盖一个 70 多米的烟囱！

于谦：还真不错！

郭德纲：起早贪黑把活干完了，人家来一验收，死活不给我们工钱！

于谦：质量不行？

郭德纲：把图纸拿倒了，人家让挖口井！

于谦：哦，那打死都不怨！

就着于谦最后一句话，我说："今天我们就来讨论一下，在职场里犯了错是不是打死都不怨……"

6 感谢法

听说在一些国企，讲话时先要感谢很多人。这样做是没错，但千万别成为形式主义。去商场里买东西，售货员小姐拉着脸跟你说“欢迎光临”，你心里是暖洋洋还是冷飕飕？表达感激一定要真诚，要打心眼里说出来。

研究生论文答辩时，正好是我到美国3周年的日子，我说：“3年前，头一次坐飞机，飞向这个遥远的陌生国度时，我甚至不敢想3年后的我会是什么样子。这3年里，我每一天都面临新鲜的东西，新的环境，新的文化，新的知识，新的挑战。今天，我能够站在这里，用英语完成我的硕士论文，我要感谢我的美国爸爸妈妈，我的导师和教授们，我的同学和朋友们。希望你们为我感到骄傲！”也许你觉得很酸，但我没半点做作， 这是我的心里话。会感恩的人，永远有贵人相助。

开场白切忌说：“我站在这里很紧张。”关于演讲中如何消除、缓解紧张情绪，下文我们专节讲述，这里不再细说。但是，开始时，如果因为紧张忘了词，也没关系，就继续说，随便怎么说，只要和主题相关，就跑不出去多远。听众手里没有稿子，谁也不知道你要讲什么，你这么滔滔不绝地讲，别人还会觉得你口才不错。讲 PPT 不是给老师背诵《木兰辞》，就当它是个自由发挥的爵士乐吧！

另外，如果听众不多，就让听众轮流自我介绍一下。这样不但能调动大家的参与性，还可以帮助你消除常见的开场紧张情绪。

千万不要小看开场白，良好的开始是成功的一半，前面做了那么多工作，又是起雷人的标题，又是设计漂亮的模板，这时，你应该信心十足地站在台上，如数家珍地展示自己的工作成果。而一个漂亮的开场白，则是 PPT 成功的敲门砖。说不定，这个PPT 也会成为你事业发展的敲门砖呢！

第二节 虎头更虎尾的完美结束

一、拥抱各种问题

IBM 的“停止空谈，付诸行动”的系列广告之一，是写一个外商带着一个翻译，领着一帮风投模样的中国人来到一个施工现场，信誓旦旦侃侃而谈：“我们对未来雄心勃勃，10 个国家，24 个车间，87 个分销中心，全球整合，无缝衔接，一种前所未有的开放合作模式！”但被问到具体该怎么做时，却卡壳了。就因为没有能回答好别人的提问，而让整个演讲砸了锅。这一节，我们就来讨论一下怎么搞定各种问题，让你的 PPT 有个圆满结束。

前面讲到，在结束时，通常一个感谢就可以了。中国人讲含蓄，端茶送客，人家一说感谢了，就明白了是告诉我们会议结束了。但是，跟老外开会，最好要加一句：“Now I would like to take any question you have.”（现在我很高兴回答你的任何问题。）别管真高兴，假高兴，这句话一定要说。老外也不见外，会连珠炮似地问一堆问题。

所以，强烈建议把能准备的问题准备一遍，就跟考 GMAT 的时候要把题库里的作文题都打一遍腹稿一样。问题正中我们下怀的，偷笑一下，认真回答；直杵我们软肋的，可要小心回答。就像IBM广告中的那个问题，通常要准备的问题就是这种软肋型，没人比自己知道软肋在哪儿。如果告诉人家浑身都是痒痒肉，吊起大家的胃口，谁都想挠挠你。不要轻易把软肋暴露给别人，自己搂住了。以免碰上高手，被问些刁钻问题。可以用下面提供的技巧处理。

1 压住问题的技巧

演讲时，发现气场不对，有些人恶意问问题，惹不起就躲。因为紧张，因为没有准备而心虚，因为有些东西不能说，而怕听众问问题时，一定要把时间安排紧凑一些，多讲一些，不给观众提问题的时间。延时10分钟左右，说："因为时间关系，大家有些问题来不及问，可以一会儿茶歇的时候再跟我交流。"这么一拖，80%的问题就给拖没了。

2 拖延时间的技巧

好多人都知道Pause（停顿）。生气的时候要Pause，做个深呼吸；紧张的时候要Pause，舒缓压力。但是，回答别人家问题时，可千万别玩Pause，这样会显得咱才疏学浅。哪怕不知道答案，也要先拿一句话垫过去，给自己一个脑筋急转弯的时间。

清华本科毕业答辩是件很恐怖的事，本专业的老师悉数到场，学生们逐个过堂。那次答辩是我第一次使用PPT，自认为做得很漂亮，讲得也不错。但到提问时，全组最权威的张教授一个问题就差点把我吓晕："我认为你最后这个结论有问题呀！"这个结论是我最重要的观点，真有问题，一年的努力，全部白搭。

我强自让自己冷静，先垫了句话：“张老师，您说的是第几页呢？”我心里很清楚，是倒数第三张。张教授找了一下，告诉我页数。为了增加时间，我又上下翻了一下，才打开那页。然后，我又细致地了解张教授到底对哪儿有异议。在这段时间内，我大脑快速地思考，最后，给了张教授一个详尽的解释，给所有老师非常优秀的印象，我得了全组最高分。

英语里最常用的垫话是：Good question。刚开始用英语和别人交流时，听人家说自己问的问题是 Good question，还真以为是夸自己问得好，暗自得意。后来，才发现，原来凡是不知道答案的问题都可以用这句话搪塞一下。这样的垫话还有很多，比如，您能说得再具体一点吗？您的意思是 × × × 吗？等等。

3 咨询研究法

就是明明白白告诉人家不知道，但我会去咨询、研究，再来回答你。这不是官僚的“研究研究”打发了事，而是一种严谨的态度。所谓知之为知之，不知为不知。真不懂，就不要不懂装懂。如果有其他专家在场，可以请教，幸运 52 的三种求救办法，可以适当使用。没人救场，也可以留下别人的联系方式，回去研究后回复。注意，承诺了别人就要兑现，说回复就要回复。

百事总部培训部一个“导师”，Dr. Lew，我每次去问他问题，他都200%地回答我，不但回答了我本来问的问题，还给我很多其他的信息。有一次，他给我们做培训，讲完 PPT 后，我问了一个问题，他没能当场回答我。我也没有放在心上，但一个月后，他抱了一堆样品，找到我，说：“Liz，你上次问的问题很好。我去实验室试了一下，发现我们还可以做很多工作。”白发苍苍的他，高兴得像个孩子。

我被他的热情深深感染，从这个问题出发，和他一起做了进一步研究，得到了很多有趣的新发现。认真对待别人的问题，不但是对提问人的尊重，更能让自己学习、提高，从中收获一种别样的幸福。每次 PPT 报告，都努力寻求听众提出的所有问题的答案，不仅拓展了知识，更会交到朋友。

别人提出自己不知道答案的问题并不可怕，你不能很好回答，也并不能降低你在听众心目中的地位，只要你认真对待这个问题，不仅增长了知识，还会赚来更好的印象和更多的信任。

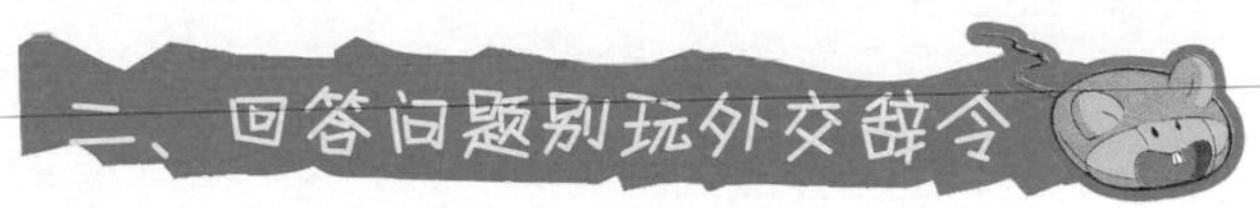

二、回答问题别玩外交辞令

处理听众提问的原则是，要么就不答，要答就正面回答，都要严谨对待。一些人回答问题时，玩所谓的外交辞令。这是一个很不好的做法，这种敷衍，不能让对方满意。你似乎占了上风，把问题绕过去了，但实际上你输了，输掉了对方的信任。

一个老师给城市学院的大学生讲有效决策，我慕名去听，讲得不错。最后一页 PPT 是他的结论："做正确的事，正确地做事，立即做。"

讲完后，有同学提问："老师，我现在就面临一个重大决定。我爸让我退学回家跟他做买卖，你说我该如何决策?"

老师回答："Follow your heart，5 年后，你想成为什么？你不用告诉我，你自己问自己。"老师并不想为这个学生做决定，转向其他的提问，想敷衍过去。可是，这个同学很坚持，还是把手举得高高的。没等叫他，就主动发问："老师，我是否应该立即做决定?"老师肯定了。

意识到他的潜台词是要退学经商，我控制不住自己，把手举得高高的，主动站起来回答这个同学的提问。我指着那位老师的最后一页 PPT 说："这位同学，你仅仅看到了'立即做'三个字，你有没有看到在它之前还有两个前提：'做正确的事'，'正确地做事'。现在，你能确定你做的是正确的吗？你有没有想过哪些机会是一生只有一次的，比如坐在教室里读书；又有哪些机会是可以过些年会做得更好，而不必着急开始的呢？冲动是魔鬼，三思而后行！"

接着，我给他举了两个例子，他不住地点头，认同了我的见解。散会后，他抄走了我的 MSN，在后来的进一步交流中，我知道他做出了对自己正确的决定。这种交流，给我带来了一种被认可的幸福感。当我伸出手，回答他的问题时，想的仅仅是要让马上要做重大决策的年轻人冷静一下，但我得到的是一种来自认同的幸福。

就像回答问题一样，我们生活中还有很多技巧。有些技巧是让我们更好地展示自己；有些则只是简单的保护色，就如图 5-3 中虫子的大眼睛，只是用来吓唬吃虫子的鸟，其实什么也看不到。这种伎俩，都是一些低级的虫子在使用。

图 5-3

同理，使用这种技巧的人也常常很容易被别人识破内心的软弱。不要花时间去研究那些低级的生存技巧，应该把精力更多地放在在回答我们不能回答的问题上。当你把听众的问题一一解答以后，你的 PPT 就完美了；当你把对人生的疑惑一一解答以后，你的人生就豁达了。

第三节 让紧张情绪见鬼去吧

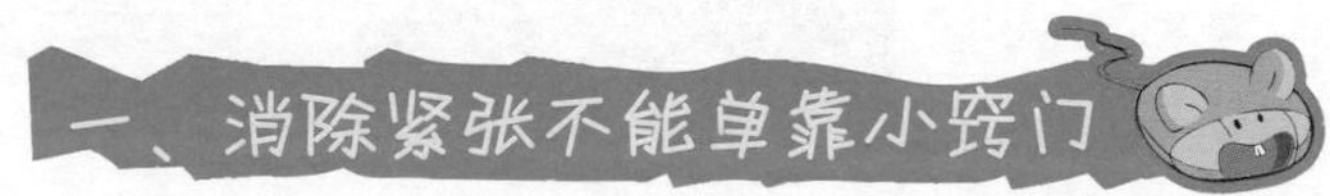

一、消除紧张不能单靠小窍门

说起 PPT，好像必然和紧张联系到了一起。讲 PPT 时，就像一个自信而帅气的调酒师，可以调配出各种带有个性的鸡尾酒，向别人展现我们娴熟的技艺、工作的热情和超人的创造力；把我们旁边大屏幕上的 PPT 想象成一个酒杯，杯子是冷的，酒是热的，是可以有性格、有价值的（见图 5–4）。这样，你就拥有了自信，能够帮自己战胜紧张。

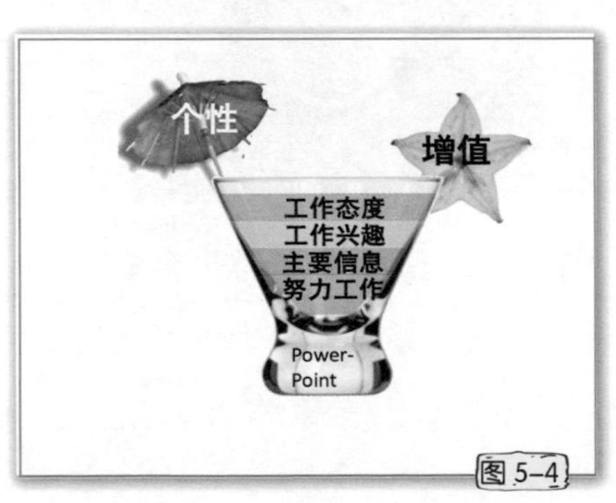

图 5–4

消除紧张情绪的技巧有很多，上台前先深呼吸，对着镜子反复排练，等等。一个美国电影里提供了一个方法，手里拿个曲别针，紧张的时候就拿它撒气。但是，这些方法仅仅是缓解紧张的办法，不能从根本上消除紧张。我认为，紧张是外场和内心共鸣后的放大。如果外部紧张，但你自己心静如水，也不会紧张。如果改变不了外部环境，就要把心放大，让它去包容。

职场感悟

和大家一样，从前，我一站到台上声就开始颤。每次讲PPT之前，都把自己关在屋子里，站在衣柜的大镜子前，反复练，但到现场还是紧张。刚到美国时，还不会用英语思维，说句英语都得先上网找类似的句子，照猫画虎描下来，照着背。一些拗口的单词要跟着美国人一个音节一个音节地念。经过这样认真刻苦的准备之后，一站在台上，舌头还会短，练好的词能记住80%就不错了。但那次去参加演讲比赛，改变了这种状况，让我终身难忘。

比赛在一个海边旅馆举行，我们提前一天入住，我幸运地得到了一间海景房。然而天公不作美，乌云密布，下着零星的小雨。海浪很大，沙滩上连个人影也找不到。面对即将到来的大赛，我很紧张，因为我是唯一一个说Chinglish（中国英语）的人，而且是唯一的硕士生，其他人都是博士生。我觉得自己从腿肚子一直抖到头发根，唯一可以做的只有反复排练。我披了件外衣，站在海风飕飕的阳台上，大声冲着大海一遍一遍地讲。海浪声很大，我几乎听不到自己的声音，哗哗的海水似乎在嘲笑我的莽撞和鲁勇。我也在嘀咕："当时干吗要主动报名参加这个比赛，给自己这么大压力呢？"我望望大海，浩渺的大海并没有让我减轻压力，心想："海的尽头就是祖国，就是家。"顿时鼻子酸酸

的，我忘了自己是不是哭了出来，但至少我记得当时好想哭。就在这时候，乌云散开了，太阳出来了。温暖的阳光撒在沙滩上，暖洋洋的，海浪舒缓了很多，沙滩上一下子钻出好多人来晒太阳。看到 如此美景，我的心豁然开朗，高兴极了，忽然想起来那句名言：世界上最宽阔的是海洋，比海洋更宽阔的是天空，比天空更宽阔的是人的心灵。连大海天空这样广、酒店这样高的舞台都站过了，还怕什么？连太阳都赶跑乌云来听我演讲，还能有谁不喜欢呢？我的紧张情绪也随着乌云消散了。

傍晚，开碰头会时，灯光师要调灯光，需要一个人站到台上，我毫不犹豫地蹿上台，做了实验品。在台上，我明显感觉到这里的气场与在台下完全不一样。那台子很高，感觉比看上去高 1 倍，下面的人都是仰视你，强烈的灯光下，那似乎是上帝的眼神，要把你烤化。想起了窗外的海，我嘴角露出了微笑。灯光师调节灯光，我细心体会着每一种变化，适应这种备受关注高高在上的感觉，边在台上“悠闲”踱步，边默念台词，丈量有没有掉下去的危险。我的自信就像一个强大的气场，不但支撑着自己，也冲击着对手。台下，一个老师很纳闷地说：“She looks very happy?（她看上去很开心?）”我回答说：“I AM very happy!（我是很开心!）”看到参加比赛的其他学校的同学紧张得像绷紧的弦，轻轻一拨就要断了，我的自信更加强大了。在台上跑了 10 分钟的龙套之后，我觉得那灯光是那么温暖，渴望那种舞台上受关注的感觉。千万别小看这 10 分钟！

当时我们每个人比赛的时间只有 15 分钟。如果你花了 10 分钟去紧张，那么还能说什么呢？我在上台前，所有的紧张都已随海浪飘走，留下的只有自信。

那次比赛我挣了500美元的奖金，有人说："10分钟就挣500美元是我见到过的最容易的钱!"其实，收获的好多东西比钱更宝贵，更来之不易。凡是钱能买到的都是便宜的东西。正如万事达卡的广告语：Something is priceless.（有些东西是花钱也买不到的。）这次比赛让我深深体会到，在残酷的竞争下，我要做的不是战胜别人，而是战胜自己。

二、最好的办法是适应舞台

消除紧张的最好诀窍就是适应舞台！十一届全运会花样滑冰双人滑决赛中，最后出场的张丹／张昊以近乎完美的发挥夺得金牌。张昊说这是两年来他们发挥最好的一次。他们上场前，看到前面的选手超水平发挥，得到了很高的分数，他们最后一个出场，压力特别大，只有完美的表演才可能夺得金牌。他们上场之前，张丹、张昊做了一件事：到场上捡花。他们在场上滑了几圈，把散落的花都捡干净了——就是这个不起眼的举动让他心情一下子平静下来了。

如果有机会，在正式开始前，一定要站到讲台（舞台）上，好好感受一下那种气场。你可以头一天去会议室看看，站站台；可以在会议前，特意从讲台前走走，看看下面的情况；可以在讲之前调阅PPT时，向听众扫一眼，等等。踩点踩点，踩了心里才踏实。

记住，当把心放得比舞台大，眼界比舞台高的时候，你就不会被任何舞台吓倒。如果有机会去一个无人的海边，或者非旅游区的大山，对着那广阔的天空做一次精彩的演讲，相信我，任何舞台都吓不倒你！

后记

故事是永远讲不完的，美是永远发现不完的。工作总是那么多，PPT 永远写不完。

退休后，我要到 798 给自己的 PPT 办个展览。让这些精美的 PPT 告诉所有人，看似平凡的工作也可以是艺术的，是美的，是充满创造性的。只要用心，我们就是事业的主人，是生活的主人，是快乐的主人。

本书结束啦！意犹未尽吧？没关系，还会有下篇。

下篇的作者就是你！

致谢

ACKNOWLEDGEMENT

和 PPT 最后一页要感谢支持我们工作的人一样，在本书的结尾我想感谢我 PPT 生涯中几个重要的人，套一句老话，下面的排名不分先后。

1 清华导师谢续明教授

第一次真正跟 PPT 打交道是 2000 年的本科论文答辩，谢老师给了我全组最高分。被清华沉闷的工科气氛和惨烈的竞争压抑了整整 4 年之后，PPT 终于带给了我 4 年中第一个快乐的气场，我头一次感觉到原来清华里也有沁人心脾的氧气。谢老师教会我用自信迎接迈出清华后的每一次挑战。

2 我的美国爸爸妈妈 David Scott 和 Nancy Scott

在美国留学的第一个学期，我的英语水平总让我有一种便秘的感觉。为了第一次课上发言，我的美国爸爸妈妈帮我一点点改正 PPT 中的英语问题，一个音节一个音节地纠正我的发言。在他们的帮助下，满分 15 的发言因为我精心准备的 PPT 和认真的态度，全系最 picky（挑剔）的名捕教授给了英语磕磕巴巴的我 16 分，他感受到了我的努力。我突然觉得原来留学最重要的是英语，和英语一样重要的是 PPT，比它们更重要的是认真的态度。

3 我在佐治亚理工的导师，Dr.Robert Samuels

Samuels 教授治学非常严谨，在他的支持下，我代表学校登上了我从来没敢梦想过的美国研究生学术演讲比赛的舞台。我永远忘不了那种感觉，当我用热情超越语言和文化障碍，给别人带去惊喜时，似乎一切的沟通都变得那么顺滑。我可以把最深奥的科学给所有人讲得生动有趣，可以用东方人的气质打动全世界，拥有一片自由与自信。

4 百事原全球高级研发副总裁 Carlos Barroso 及亚太区研发副总裁 Victoria Sparado Grant

第一次找工作，我寄出去的不单是简历，还有一个自我介绍的 PPT，于是百事全球研发高级副总裁 Carlos 决定亲自面试。多年后，亚太区的 VP Victoria 还拿着那张光盘，去教育 marketing（市场部）的人，让他们学学一个刚毕业的大学生是怎么营销自己的。两位高管手把手地把一个刚出校门的大学生领进了 500 强那绚烂缤纷的大学堂。在这个大学堂里我学到了很多让我终身受益的东西。书中的大部分职场感悟，都是来自他们的教导。

5 我在百事期间的老板，亚太区研发总监，Malcolm Thompson

这是我一生中能碰到的最好的老板。在我工作的第一天，就给了我一个完美的起点，在我生命的最低谷，他教会我如何去看曙光。第一次在百事全球会议露面的头一天，老板就得意地为他的爱将做起广告：“明天你们就等着 Liz（我的英文名字）给你们最好的演讲吧！”我的努力工作从没让他失望过。当然，因为年轻，也给老板惹过很多麻烦。所以你在我的博客中会发现这样一篇博文：“我向我前老板说了三个词：Sorry，thanks and happiness。”

6 我的推荐人孙国勇、策划人韩卫东和责编付会敏

不敢说自己是千里马，但是他们的确有伯乐的眼光。这本书说不清改了多少稿，他们耐心地指导我、充满热情地鼓励我。这本书的成功，有他们的辛勤与辛苦。

我还想感谢我的同事们、栗子面们、朋友们，还有虽然不知道我每天都在忙什么，但始终为我做好吃的的父母。我希望这本书给他们一个惊喜，也给职场中打拼的你一点点启发和帮助。